À PRENDRE
OU À LAISSER

Les Éditions Transcontinental
TC Média Livres Inc.
5800, rue Saint-Denis, bureau 900
Montréal (Québec)
H2S 3L5
Téléphone : 514 273-1066 ou 1 800 565-5531
www.tcmedialivres.com

Pour connaître nos autres titres, consultez **www.tcmedialivres.com.** Pour bénéficier de nos tarifs spéciaux s'appliquant aux bibliothèques d'entreprise ou aux achats en gros, informez-vous au **1 855 861-2782** (faites le 2).

Catalogage avant publication de Bibliothèque et Archives nationales du Québec et Bibliothèque et Archives Canada

Lambert, François, 1967-

À prendre ou à laisser : les conseils d'un dragon pour réussir en affaires

ISBN 978-2-89472-954-0

1. Lambert, François, 1967- . 2. Entrepreneuriat - Québec (Province). 3. Hommes d'affaires - Québec (Province) - Biographies. I. Titre.

HC112.5.L35A3 2014   338'.04092   C2014-940318-6

Collaboration à l'édition : Manon Chevalier

Photo de couverture : Maude Chauvin

Conception graphique : Dorian Danielsen

Infographie : Diane Marquette

Révision : Louis Émond

Correction : Grand Rang Communications inc.

Imprimé au Canada

© Les Éditions Transcontinental, une marque de commerce de TC Média Livres Inc., 2014

Dépôt légal – Bibliothèque et Archives nationales du Québec, 1er trimestre 2014
Bibliothèque et Archives Canada

2e impression, mai 2014

Les Éditions Transcontinental remercient le gouvernement du Québec – Programme de crédit d'impôt pour l'édition de livres – Gestion SODEC.
Nous reconnaissons l'aide financière du gouvernement du Canada par l'entremise du Fonds du livre du Canada pour nos activités d'édition. Nous remercions également la SODEC de son appui financier (programmes Aide à l'édition et Aide à la promotion).

FRANÇOIS LAMBERT

Écrit en collaboration avec AGNÈS SAINT-LAURENT

À PRENDRE
OU À LAISSER

LES CONSEILS D'UN DRAGON
POUR RÉUSSIR

Les Éditions
Transcontinental

À mes fils, Mathieu et Alexis

PRÉFACE

La première fois que j'ai rencontré François Lambert, c'était en 1997, au cours d'une entrevue d'embauche pour un poste d'analyste-programmeur dans l'entreprise où je travaillais. J'ai découvert une personne fière, compétitive et travaillante. J'ai immédiatement réalisé que nous ferions une bonne équipe au travail. Nous étions à la fois différents et pareils. Nous partagions la même vision des affaires et avions les mêmes objectifs.

Nous sommes rapidement devenus de bons collègues. Nous travaillions fort, très fort même, mais nous nous amusions en même temps. À peine un an plus tard, chacun de nous a emprunté une voie différente, mais nous sommes restés en contact et, dès que l'occasion s'est présentée et que l'entreprise où j'étais a eu besoin d'un gestionnaire, je n'ai pas hésité à appeler François et à le recommander pour le poste.

Tous les deux, nous en donnions toujours plus à notre employeur, travaillant comme si c'était notre propre entreprise. Mais nous avons réalisé que nous ne serions jamais satisfaits si nous ne nous lancions pas à notre compte. Ce que nous avons fait.

La confiance était l'élément le plus important pour la réussite de notre partenariat, et nous ne rentrions jamais chez nous en chicane avec l'autre. Une synergie s'est développée. Nous lancions des idées qui n'allaient pas dans la même direction et nous arrivions pourtant chaque fois à les adapter, à les mixer ensemble et à produire un excellent plan d'action. Nous étions de vrais partenaires. C'était ainsi en affaires mais aussi dans le sport. Tous les deux, nous adorions les activités sportives, mais là encore, nous étions différents. J'étais le gars de gym, de poids et haltères ; François, le gars de cardio et de course. Comme au travail, l'un a eu un effet d'entraînement sur l'autre. J'ai commencé à faire davantage de course et François a commencé à soulever plus de poids.

Ce furent de belles années. Nous avons travaillé fort, je le répète, mais nous nous sommes amusés, et cela nous tenait à cœur.

L'équilibre entre travail et vie privée n'existe pas quand on se lance en affaires, contrairement à ce que la majorité des gens croient (ou espèrent !). Il y a des périodes où nous travaillions comme des fous, mais nous nous assurions de faire à l'occasion un voyage, ou d'autres loisirs, pour recharger nos batteries. Cela nous permettait de rester concentrés quand le travail l'exigeait, un peu comme dans le sport. Si François parle souvent de la course à pied dans son livre, c'est que le monde des affaires exige une discipline similaire, d'alternance entre les périodes intenses et les moments de repos.

Nous avons beaucoup appris l'un de l'autre, ce qui nous a aidés à devenir de meilleures personnes.

Cela fait maintenant 14 ans que nous faisons des affaires ensemble et notre recette, avec son ingrédient le plus important, la confiance, fonctionne toujours. Mais un seul ingrédient ne suffit pas toujours à faire une bonne recette, et ce n'est pas François, excellent chef cuisinier à ses heures, qui va me contredire. C'est pourquoi je suis heureux qu'il partage dans ce livre les autres ingrédients qui ont fait son succès. Vous verrez, certains sont carrément magiques. Il a trouvé plusieurs formules simples et efficaces pour faire passer son message : Le test du frigo, La règle des 9 mois, Le plan B est une maîtresse, Le syndrome Kodak, etc. François n'y va jamais par quatre chemins.

Je ne doute pas qu'il suscitera de nombreuses vocations avec cet ouvrage et que, demain, plus de gens vont se lever prêts et motivés à se lancer en affaires. Si peu de chefs d'entreprise bénéficient de la même visibilité médiatique que lui dans une émission de télé, c'est aussi parce qu'on ne rencontre pas tous les jours une personne aussi déterminée que François, qui a démarré de zéro et toujours gardé le cap. Son parcours, à l'image de son livre et de la multitude de conseils pratiques qu'il prodigue, inspirera tous ceux et celles qui rêvent de devenir entrepreneurs mais qui n'ont jamais osé se lancer. De la part d'un dragon, c'est vraiment une offre qu'on ne peut refuser !

Le partenariat et l'amitié ont été les clés du succès pour François et moi, et je lui en serai toujours reconnaissant.

Bonne lecture !

Georges Karam, le partenaire

TABLE
DES MATIÈRES

PARTIE 3 👍

LES QUALITÉS DE L'ENTREPRENEUR........................... 97

PARTIE 4

LE FINANCEMENT
ET AUTRES ASPECTS FINANCIERS................................ 147

PARTIE 5

PARTIE 6

Introduction

L'ENTREPRENEURIAT, C'EST *COOL*

Je m'estime très chanceux. J'ai dû travailler énormément pour réussir ce que j'ai entrepris. Bien sûr, l'émission *Dans l'œil du dragon* donne à tous les dragons, dont je fais partie, une très grande visibilité médiatique, un rayonnement qui est aussi le fruit de nombreuses années d'effort et qui me permet d'inspirer et de soutenir à mon tour des entrepreneurs en devenir.

Je suis infiniment reconnaissant de tout ce qui m'arrive et je souhaite que cela arrive à beaucoup d'autres. D'ailleurs, quand je lis des dossiers comme celui de *La Presse* (décembre 2013) intitulé « Les riches au Québec », je me désole d'y lire qu'à peine 1 % des Québécois appartiennent à ce segment privilégié. Car, en tant qu'entrepreneur, je voudrais que ce nombre augmente considérablement. Même si, en nous comparant, on peut établir qu'il y a proportionnellement beaucoup plus de riches au Québec qu'en Suède, ce n'est pas encore assez à mes yeux.

En partageant mon expérience, mes bons et mes mauvais coups, je sais que je motive les gens : c'est pour ça que je donne des conférences, c'est aussi pour ça que j'ai écrit ce livre. Je veux montrer à quel point c'est *cool* et excitant d'être entrepreneur. Je voudrais réveiller en chacun de vous l'homme ou la femme d'affaires qui sommeille ou qui a peur de faire le grand saut. Je souhaite que ce livre vous donne confiance dans ce que vous entreprenez et puisse vous servir de référence quand vous vous posez des questions.

Au fil des pages, vous me verrez souvent comparer l'entrepreneuriat, ou certains de ses aspects, au sport et au mariage. Ce sont des comparaisons qui me semblent pertinentes et qui illustrent bien les choses. Je vous demanderai aussi de passer le test du frigo. Vous aurez du plaisir !

Pour moi, il n'y a rien de plus *cool* et de plus gratifiant que l'entrepreneuriat ! C'est ce que je veux partager avec vous dans ce livre.

Partie 1

DU TRACTEUR À LA LAMBORGHINI

1

LA **CROISSANCE** DE LA **BOSSE** DES **AFFAIRES**

J'ai toujours voulu être entrepreneur.

Je suis issu d'une lignée de gens d'affaires. Mon grand-père, François Lambert, qui avait pour parrain Napoléon Bourassa, le gendre de Louis-Joseph Papineau, était commerçant en gros. Il était fournisseur, entre autres, de la chaîne des magasins 5-10-15. Ce devait être un métier rempli de défis que le sien. Afin de répondre à la demande des magasins de vente au détail, il devait veiller à les approvisionner régulièrement tout en recherchant et proposant de la marchandise nouvelle. Dans les années 1950, il n'y avait pas encore d'ordinateurs et les calculatrices étaient composées d'engrenages actionnés à la main. Tout se faisait par écrit ou de mémoire, et la parole donnée avait, en principe, valeur de contrat. Si les temps et les outils de travail ont bien changé, les qualités de l'entrepreneur à succès sont restées semblables.

Lorsque mon grand-père a vendu l'entreprise, mon père est allé travailler pour les acheteurs pendant deux ans. En 1966, il a décidé de devenir le « Roi de la bébelle à 10 cents au Canada » et est devenu le plus gros importateur et distributeur de produits à petits coûts dans tout le pays. Il a gardé ce commerce jusqu'en 1974, quand il a décidé de poursuivre son rêve d'être cultivateur. J'aime à croire que je tiens ma passion des affaires de ces deux hommes.

Alors que j'avais six ans et que j'étais en première année, nous avons donc quitté Pont-Viau – Laval n'était encore qu'une mosaïque de petites municipalités – pour Notre-Dame-de-la-Paix, en Outaouais. Quel changement! D'un environnement urbain, j'ai été transplanté dans un environnement rural.

La municipalité, peuplée d'à peine quelques centaines de personnes, est située à une vingtaine de kilomètres de Montebello, sur la route qui mène à Saint-Jovite. Son développement, essentiellement agricole, remonte au début du XXᵉ siècle. Les lieux sont partagés entre de vastes terres cultivées et des forêts.

À la ferme, j'ai compris que, pour vivre et rester en affaires, les activités de mon père devaient lui rapporter plus d'argent qu'il n'en dépensait pour soigner les bêtes. Je me suis autoproclamé son «conseiller».

Mon père s'est mis à m'appeler son «gérant». Je voulais tout gérer: le prix des moutons, par exemple. C'était plus fort que moi. Je remettais tout en question. Pourquoi fait-on comme ceci, quel est notre objectif et où en est-on?

Mon père s'est mis à m'appeler son « gérant »...

Mon père faisait des choses temporaires, par manque de temps ou d'argent, et puis elles devenaient permanentes. Nous sommes le contraire l'un de l'autre, car moi, je suis pointilleux et j'aime faire les choses correctement dès la première fois. On peut donc comprendre qu'il y a eu de nombreux affrontements entre nous. Je sais que je suis un excessif... en tout, au travail et dans le sport. Encore aujourd'hui, je suis exigeant envers moi-même et envers tout le monde autour de moi. Ce n'est pas toujours facile de travailler avec moi, mais ça peut être plaisant. Lorsque l'équipe est soudée et progresse de concert, dans la même direction, je suis un patron agréable.

À l'école, j'étais dissipé et certainement dérangeant. Et puis, j'étais dans la lune et je rêvais à mes affaires.

Quand j'étais en cinquième année du primaire, je suis « parti à mon compte ». Je me suis mis à élever des cailles. Deux cents cailles par an. Je vendais les œufs durant l'été, puis, à l'automne, je vendais les cailles.

Après la saison des cailles, j'allais déneiger les entrées des voisins avec une souffleuse à neige. J'en profitais pour proposer de rentrer le bois de chauffage. Je pratiquais, déjà et sans le savoir, la vente croisée.

Au printemps, je ramassais les canettes sur le bord de la route. Quand on me demandait ce que je voulais faire dans la vie, je répondais que je voulais faire des affaires. Quand vous êtes entrepreneur dans l'âme, le produit n'a pas vraiment d'importance, ce qui compte, c'est ce qu'il permet d'accomplir.

Lorsque j'ai eu 14 ans, les cultivateurs de la région ont commencé à m'embaucher pour conduire leur tracteur pendant la récolte des foins. À 16 ans, un certain M. Mozart m'a offert 300 $ par semaine, une somme énorme. Cet événement déterminant m'a permis de prendre conscience de mes compétences et de mon amour du travail. Je suis fiable et je respecte l'autorité, même si je ne suis pas le patron.

Mon premier entrepreneur modèle a été le vétérinaire qui venait à la ferme, M. Belocevik. Je trouvais son emploi *cool*, alors j'ai d'abord voulu devenir vétérinaire et je me suis inscrit en sciences pures. Mais je me suis vite rendu compte que la médecine vétérinaire me forcerait à passer cinq ans à Saint-Hyacinthe, entouré d'autres hommes, mais privé de femmes. L'attrait du sexe opposé aura décidé de ma vocation. J'ai donc laissé tomber la médecine vétérinaire et suis passé aux sciences administratives. Je voulais être de ceux qui transigent sur le parquet de la Bourse.

Dès le cégep, j'ai dû travailler pendant mes études. À Hull, j'étais coupeur de tapis pour Tapis Suprême. J'étais payé quatre dollars l'heure, le salaire minimum. Un an plus tard, je suis allé travailler au journal *Le Droit*, dans un poste d'agent de télémarketing. Je recevais le salaire minimum plus une commission. Je me suis mis à faire beaucoup d'argent parce que je réussissais à vendre beaucoup d'abonnements. J'y suis resté six mois. Puis, j'ai été vendeur chez Chaussures Yellow. Durant l'entrevue d'embauche, le patron m'a demandé si je recherchais un emploi pour l'été seulement ou permanent. Je lui ai demandé de m'expliquer la différence. « Eh bien, dit-il, un étudiant gagne quatre dollars l'heure et un vendeur permanent, six dollars quatre-vingts l'heure. » Il m'ouvrait la porte : je lui ai dit que je serais permanent, tout en sachant bien au fond de moi que c'était peu probable. En août, je lui ai annoncé que, finalement, je retournais aux études. Et je suis resté travailler pour lui à temps partiel, toujours au salaire de six dollars quatre-vingts l'heure, un arrangement dont il a été très satisfait. Mon « opportunisme », une notion primordiale en entrepreneuriat, m'a permis de gagner deux dollars quatre-vingts l'heure de plus durant tout l'été.

> **Quand vous êtes entrepreneur dans l'âme, le produit n'a pas vraiment d'importance...**

J'ai eu de la facilité dans mes études jusqu'à ma première année à l'université : là, le talent ne suffisait plus, il m'a fallu étudier fort. J'étais intense. Toutefois, je crois que c'était l'expression de ma nature nerveuse et anxieuse. Mais celle-ci m'a bien servi.

En effet, je crois qu'un bon entrepreneur doit vivre dans la crainte, être anxieux et se poser constamment des questions. Est-ce que, demain, je réussirai à connaître encore le succès ? Si je perds un client, vais-je en perdre un second ? Et vais-je pouvoir compenser cette perte par un gain ? L'entrepreneur vit dans la peur, mais il sait la canaliser pour en faire un élément de dynamisme.

Du coup, les entrepreneurs se rangent dans l'une ou l'autre de deux catégories. Les premiers cherchent à écraser les autres et à éliminer tout ce qui ressemble à de la concurrence. Les seconds observent les autres et utilisent le fruit de leurs observations pour améliorer leurs propres pratiques. Je crois appartenir à ce deuxième groupe.

Et puis, j'ai le bonheur facile. J'ai toujours été heureux, même dans les moments où j'avais peu d'argent. Enfin, je ne suis pas envieux, mais le succès d'autrui est un sujet de curiosité. Je veux savoir comment ils s'y sont pris.

Lorsque j'étais à l'université, j'ai obtenu un emploi de comptable dans une ferme où on produisait des fraises, des framboises et des légumes. Le fermier recevant une subvention, j'étais payé sept dollars l'heure. Mais je me suis vite rendu compte que je ne ferais pas de comptabilité. J'ai passé mon temps à couper les fleurs des fraisiers d'un an pour les renforcer. Croyant que j'étais un « ti-gars de la ville », le gérant m'interdisait de conduire le tracteur. Le jour où il s'est embourbé, c'est moi qui ai sorti le tracteur du trou. J'ai alors eu une promotion et suis devenu conducteur du tracteur.

Je n'ai pas appris grand-chose de nouveau, mais mon employeur possédait des librairies, des fermes et les Distributions Roger Vaillant, une société de distribution de journaux. Il m'a offert un emploi permanent à l'automne. J'ai d'abord travaillé de dix à quinze heures par semaine, puis je suis passé à temps plein tout en étudiant, car la société connaissait une expansion rapide. Je n'ai jamais compté mes heures. J'ai mis sur pied un nouveau système de facturation et de comptabilité qui a fait passer de trente-six heures à quatre heures le temps consacré à la facturation par semaine. C'est l'effet d'une passion pour l'efficacité. Quand j'ai terminé mes études universitaires, en 1989, je travaillais toujours pour cette entreprise.

2

L'**ENTRÉE** DANS LA LIGUE **MAJEURE** : LES DÉBUTS **PROFESSIONNELS**

1987 a été une année noire sur le plan économique mondial en raison du krach immobilier et boursier. Plusieurs grandes fortunes ont fondu du jour au lendemain et certaines personnes n'ont pas survécu au désastre. Malgré cela, je poursuis mes études en finance et économie, en me disant que j'entrerai dans la fonction publique comme analyste financier au lieu d'aller sur le parquet de la Bourse. Et en effet, je vais passer cinq ans dans la fonction publique.

Je commence à Statistique Canada. Je fais les entrées de données des entreprises agricoles. Puisque je travaille plus vite que mes collègues, je profite de mes temps libres pour entretenir un réseau de contacts. Au terme de neuf mois d'entrées de données, je demande à mon patron de m'aider à devenir analyste financier. Il refuse. Peu importe, je postule pour devenir analyste financier au bureau du Receveur général. À cette époque, je parle mal l'anglais. Pendant mon entrevue, quand j'aperçois la balle de tennis sur le bureau de l'interviewer, je me mets à parler de tennis – je connais mieux le vocabulaire de tennis en anglais que celui de la comptabilité. J'ai eu la job ! Le tennis m'a aidé à obtenir cet emploi

Je cherche moins la stabilité que l'aventure. Mon rêve d'enfant était de devenir entrepreneur et mon rêve d'adulte est le même.

que j'ai gardé deux ans. J'étais responsable de la consolidation des sociétés d'État et des mauvaises créances du gouvernement.

L'informatisation n'en est qu'à ses débuts et mes collègues, des comptables plus âgés, travaillent encore sur papier. Comme on vient de nous livrer des ordinateurs, mes collègues me confient la tâche d'informatiser des formulaires. Je me mets à écrire du code, avec Lotus, pour constituer des formules comptables. Avec le temps, j'en viens à faire de moins en moins de comptabilité et de plus en plus d'informatique. Je crée également un logiciel pour lire les courriels. À cette époque, les ministères avaient tous des méthodes différentes. Ma programmation permet d'uniformiser tout ça.

Au bout de cinq ans, on me propose la permanence dans la fonction publique. J'accepte aussitôt, mais deux jours après, je me ravise : en dépit d'une bonne situation, je cherche moins la stabilité que l'aventure. Mon rêve d'enfant était de devenir entrepreneur et mon rêve d'adulte est le même : je n'ai pas changé.

Je pars donc pour Montréal en 1994 avec l'espoir de décrocher un poste. DMR, une agence de consultants spécialisée en technologie de l'information, recrute des employés pour Marconi, une entreprise de télécommunications (Marconi est l'inventeur du télégraphe, qui a réalisé la première communication radio transatlantique ; c'est aussi Marconi qui détenait les installations de télégraphie sur le *Titanic*, et qui a reçu le message annonçant que le paquebot sombrait).

Je suis interrogé par un jury constitué de Pierre Racz, ingénieur électricien, Daniel Tsiang, ingénieur en logiciels et Pierre Magna, ingénieur en mécanique. Je suis mort d'inquiétude à l'idée d'affronter un panel aussi austère. À ma grande surprise, on m'embauche, bien que je ne présente pas le profil parfait. Ma polyvalence aura fait son effet : j'ai un diplôme en économie-finance et je suis aussi devenu programmeur par passion. Je reste deux ans chez Marconi où je construis, entre autres, un logiciel de gestion de la flotte de camions du transporteur Groupe Robert, une technologie très avancée à l'époque.

Depuis mon départ de la fonction publique, mon unique objectif est de lancer une entreprise. Je change fréquemment d'emploi et chacun me permet d'acquérir de nouvelles connaissances et d'augmenter mes revenus. Je fais toujours d'une pierre deux coups.

> **Je ne travaille jamais uniquement pour l'argent : le respect de mes valeurs est capital.**

Durant un séjour chez Univoc, une entreprise de consultants en informatique, je fais la connaissance de Georges Karam, un gestionnaire de projets, et m'en fais un ami. (Trois ans plus tard, Georges et moi allons unir nos destinées d'affaires.) Quatre jours après mon recrutement, je pars accomplir un mandat au Nouveau-Brunswick. Je ne reste que quelques mois dans cette boîte, car je ne partage pas la vision du président. Je ne travaille jamais uniquement pour l'argent : le respect de mes valeurs est capital. Dans ce cas-ci, c'est la transparence qui fait défaut.

J'entre chez Bell Sigma comme consultant-directeur en 1997 et, quelques mois plus tard, je vais rejoindre mon ami Georges chez Prima-BCE Elix, où je travaillerai deux ans.

Peu à peu, le temps passe. Je viens d'acheter une maison et ma blonde est enceinte. Je prends de l'expérience, de la maturité... mais de l'âge aussi. J'ai 33 ans, l'âge auquel mon père s'est lancé en affaires. Je me rends compte qu'il me faut plonger, sinon je vais manquer mon objectif de carrière.

L'expression latine carpe diem
veut dire « cueille le jour »,
c'est-à-dire « saisis l'occasion ».
En affaires, on parle de saisir
une fenêtre d'opportunité.

3

AHEEVA ET ATELKA : CARPE DIEM

LES DÉBUTS DIFFICILES D'UNE FORMIDABLE AVENTURE

L'an 2000 marque le début d'une nouvelle ère pour l'humanité tout entière. Certains pensent que ce sera la fin du monde informatique, puisque les ordinateurs étaient programmés pour tenir compte des deux derniers chiffres d'une année : en changeant de siècle, les calculs positifs devenaient négatifs. On appelait ça le «bogue de l'an 2000» et les informaticiens ont passé des années à tenter de trouver une solution qui assurerait la continuité vers le XXIᵉ siècle.

Pour mon ami et futur associé, Georges Karam, et pour moi, cette année charnière représente le début de la réalisation de notre rêve : avoir notre propre entreprise et créer ce que nos esprits effervescents sont capables de concevoir. En effet, après avoir passé 18 mois à Toronto pour Prima, dans un emploi excitant et un très beau bureau, j'ai décidé de rentrer à Montréal pour être avec ma conjointe, mais je suis sous-utilisé au bureau.

De son côté, Georges Karam, qui revient d'un séjour d'un an au Liban avec ses enfants et qui travaille comme directeur de comptes dans la même entreprise que moi, souhaite lui aussi se lancer en affaires. D'autant plus que nous nous ennuyons royalement dans nos emplois respectifs et que nos horloges biologiques indiquent qu'il est temps de faire le grand saut : si nous le remettons à plus tard, nous risquons de ne jamais le faire !

À l'occasion d'un lunch avec deux autres collègues à l'Île-des-Sœurs, nous voilà quatre employés se disant qu'il faut plonger. Nous envisageons de mettre sur pied un portail vocal. Nous continuons d'en discuter pendant une semaine, puis les deux autres reculent. Le risque leur fait peur. Georges et moi décidons de plonger et, dès le départ, nous définissons nos rôles, les rôles que chacun de nous aura dans l'entreprise. Nous aurons donc pris deux semaines avant de faire le grand saut. L'aventure était née.

Après plusieurs recherches, nous choisissons d'enregistrer notre entreprise sous le nom d'Aheeva : nous jetons notre dévolu sur ce nom parce que nous pensons que ce mot se prononce bien dans toutes les langues. Notre objectif d'affaires est de créer le premier portail vocal bilingue au Canada. Au lieu de passer de précieuses minutes à chercher des informations dans l'annuaire, les Pages jaunes ou même sur Internet, avec le portail vocal, l'utilisateur n'a qu'à composer un numéro de téléphone, dire à l'ordinateur ce qu'il recherche et l'ordinateur livre immédiatement, avec mise à jour en temps réel, les informations désirées : les vols en partance ou à destination de l'aéroport, une liste des cinémas par quartier avec les films à l'affiche, une liste des restaurants par orientation culinaire et par quartier, l'horoscope, les cotes de la Bourse, la météo, etc.

Mais en 2000, pour démarrer une entreprise œuvrant dans les technologies de l'information, il faut rédiger un plan d'affaires et chercher le capital de risque dans la Mecque des TI, Silicon Valley. Georges et moi

Notre plan prévoit une injection de

7 000 000 $.

L'agent
du SAJE
nous dit
en souriant :

« Beau travail, les gars !
On vous accorde **6 000 $.** »

allons plutôt demander de l'argent à Pierre Racz, un ancien collègue de travail chez Marconi. Il vient de fonder une entreprise qui se porte bien. Georges et moi entrons dans le bureau de Pierre Racz sans autre plan d'affaires que nos aspirations. Il me connaît, il ne connaît pas Georges et, pourtant, nous sortons de son bureau avec 50 000 $. En échange, Pierre recevra un pourcentage des parts de l'entreprise en fonction de l'argent récolté en capital de risque. Nous débutons avec ces 50 000 $, ce qui équivaut à 10 000 $ par mois, pendant cinq mois. C'est peu et beaucoup à la fois.

Nous nous mettons donc à la rédaction du plan d'affaires. Nous sommes en septembre et l'engouement pour Internet est toujours vivant. Mais il faut faire vite, car la bulle Internet peut éclater n'importe quand. En janvier suivant, nous sommes enfin prêts, mais entre-temps, la bulle a crevé. Il n'y a plus de capital de risque pour les entreprises de haute technologie et notre plan prévoit une injection de 7 millions de dollars. Il reste une porte ouverte, le Service d'aide aux jeunes entrepreneurs (SAJE).

Je me souviendrai toujours de cette rencontre. Le mois de février est humide. Dehors, on patauge dans la gadoue. Nous entrons au SAJE sans le sou, mais pleins d'espoir. L'agent nous dit en souriant : « Beau travail, les gars ! On vous accorde 6 000 $. » Déçus, la mort dans l'âme, nous acceptons le chèque. Ces 6 000 $ vont servir à payer nos hypothèques et à vivre chichement. Nous sommes condamnés à poursuivre... et à réussir, car nous devons 50 000 $ à notre ami Pierre.

Le 23 avril 2001, nous sommes de nouveau à sec. Nous offrons nos services à Microcell (Fido, absorbée par Rogers depuis). On nous demande de faire une présentation dès le lendemain matin, pour des postes de consultants. C'est la seule issue et nous prenons conscience que le lancement du portail vocal est reporté aux calendes grecques. Ce 24 avril est le jour prévu de l'accouchement provoqué de ma conjointe, qui porte notre notre premier enfant. Je suis déchiré entre la présentation qui met en jeu notre avenir financier et la naissance de mon enfant. Je fais la présentation et je cours à l'Hôpital Saint-Luc pour assister à la venue au monde du bébé.

Quelques jours plus tard, notre ancien employeur nous met tous les deux en demeure de quitter immédiatement le service de Microcell. Il informe aussi Microcell que nous avons un accord de non-concurrence avec lui. Nous demeurons chez Microcell et la mise en demeure restera lettre morte, comme nous le verrons plus tard à la page 191 *Non aux clauses de non-concurrence, sauf...*

> **Je me sens comme un homme d'affaires obligé de faire de la consultation.**

Nous obtenons un contrat : 10 000 $ pour dix jours de consultation. Nos chances étaient excellentes, nos emplois précédents nous avaient apporté une forte expérience. Et le contrat s'allongeant, je vais travailler pendant dix-huit mois chez Microcell. La consultation est lucrative, mais ce sont les dix-huit mois les plus longs de ma vie. Je suis malheureux de ne pas faire ce dont j'ai envie. Je me sens comme un homme d'affaires obligé de faire de la consultation. Je suis compétent, mais ce n'est pas ce que je veux faire. Georges et moi faisons contre mauvaise fortune bon cœur et ne lâchons pas. Avec les économies réalisées à partir de nos honoraires de consultation, nous nous accordons chacun un maigre salaire pour faire face à nos obligations. Le reste est mis en banque.

Au même moment, Air Canada veut passer à Genesys, un logiciel de gestion des appels et des agents dans un centre d'appels. Deux entreprises lui ont soumis des offres pour installer le logiciel. Toutefois, l'entreprise qui remporte le contrat ne connaît pas Genesys : celle-ci nous demande de l'adapter à titre d'architectes du logiciel. Nous allons y passer neuf mois. J'éprouve une petite douceur au cœur : Air Canada est toujours satisfaite de Genesys et le logiciel n'a pas eu besoin d'entretien depuis toutes ces années !

Et puis Claude Klimos frappe à notre porte. Cet ex-collègue vient d'être congédié par notre ancien employeur, qui menace aussi de nous poursuivre pour avoir enfreint une clause de non-concurrence. Nous n'avons pas les moyens de payer Claude, alors nous lui offrons six mois de travail gratuit contre 10 % de notre entreprise (qui n'est pourtant toujours rien). Il accepte.

Nous adaptons le logiciel Genesys pour le service des réservations d'Air Canada et terminons le travail en février 2003. Je décide de retourner chez Microcell, parce que je ne peux pas rester à rien faire. Nous avons de l'argent de côté, mais Aheeva ne va nulle part. Nos recherches nous amènent à décider d'investir dans un centre d'appels que nous gérerons nous-mêmes à partir de notre logiciel Aheeva... ce sera la naissance d'Atelka (septembre 2003) et le renouveau d'Aheeva. Nous cherchions une nouvelle avenue et nous nous sommes rendu compte que la réponse était à côté de nous, comme nous allons le voir. Pendant que Georges multiplie les séances chez les clients éventuels, je joue mon rôle de consultant chez Microcell.

SAISIR LA BALLE AU BOND

Nous décidons de construire un logiciel de gestion des appels nous-mêmes pour Aheeva. J'ai découvert sur Internet un logiciel libre du nom d'Asterisk. Il s'agit d'un commutateur téléphonique utilisant le protocole IP (*Internet Protocol*), l'outil idéal pour un centre d'appels. Je vais enrichir Asterisk en lui ajoutant la gestion des appels entrants et sortants. Les choses s'accélèrent. Je travaille en tant que consultant chez Fido et, le soir, je construis le logiciel. Quand j'écris du code, j'entre en transe profonde : le monde n'existe plus. Nous n'allons plus au restaurant, ne voyons plus nos amis. Heureusement, ma conjointe est compréhensive et elle aussi mise sur la réussite du projet pour mener une vie plus aisée.

Un mercredi de septembre, Georges me dit que Microcell a besoin de 20 employés pour une campagne de télémarketing qui va débuter 48 heures plus tard. Il est convaincu que nous pouvons recruter le personnel et faire la campagne. Je me demande si nous pouvons prendre ce risque : nous n'avons pas de bureaux, pas d'employés.

Mais il y a de la place chez Fido, alors nous leur proposons de nous installer dans leurs bureaux. L'histoire d'Atelka commence donc un mercredi soir de septembre 2003. Et la renaissance d'Aheeva se poursuit.

> **L'histoire d'Atelka commence un mercredi soir de septembre 2003.**

La construction du logiciel Aheeva débute en 2003. Je quitte mon poste de consultant chez Fido, où le groupe est passé de 20 à 170 employés, pour me concentrer sur les opérations et le logiciel. À partir de janvier 2004, nous occupons nos propres bureaux, au 1000, rue Saint-Antoine Ouest, à Montréal.

Une fenêtre d'opportunité s'est ouverte pour les logiciels de centre d'appels qui utilisent la technologie IP. Or, nous venons de créer Aheeva, le logiciel idéal pour les centres d'appels fondés sur cette technologie.

Un centre d'appels sert au marketing ou au service à la clientèle, parfois aux deux. Qui veut ouvrir un centre d'appels doit acheter des licences, des logiciels, adapter ses locaux, recruter son équipe. Ça demande du temps et de l'argent. En fin de compte, un centre d'appels de 100 employés peut coûter jusqu'à un demi-million de dollars (5 000 $ par siège).

Six mois plus tard, nous allons présenter le logiciel Aheeva à Atlanta dans un forum consacré à Asterisk et une première version est vendue en Norvège. Le logiciel n'est pas parfait, mais la société norvégienne consent tout de même à payer 50 % de ce qui lui est demandé. Comme il s'agit du premier client, nous lui accordons des droits à vie sur le logiciel. Au début, ils avaient 20 agents, ils en ont plus de 1000 aujourd'hui !

Un logiciel de première génération est rarement achevé. Les bogues d'Aheeva exigent qu'on éteigne et qu'on rallume fréquemment le serveur, sinon la qualité de la voix s'altère. C'est pathétique. La solution nécessite de travailler jour et nuit pendant des semaines. Nous perdons des clients. Nous corrigeons les erreurs au fur et à mesure qu'elles apparaissent. Plusieurs fois, nous passons à un cheveu de la catastrophe. Heureusement, petit à petit, nous éteignons les foyers d'incendie.

Atelka peut utiliser la technologie Aheeva qui nous permet de modifier les fonctions de notre logiciel selon les clients. Et puis les deux sociétés se complètent. Atelka a besoin d'un logiciel de haut niveau pour son centre d'appels et Aheeva a besoin de tester son logiciel pour savoir en quoi l'améliorer et passer aux générations suivantes. Georges s'occupe des ventes et des ressources humaines d'Aheeva et d'Atelka. Je suis responsable du développement de logiciels et des opérations. Je commence ma journée en travaillant pour Atelka et je la finis avec Aheeva. À partir de cette prémisse, nous mettons progressivement en place des centres d'appels répartis dans huit régions du Canada.

Je ne dors pas pendant 35 heures de suite. Je pleure pour un rien.

La première expansion hors Québec doit avoir lieu à Saint-Jean, au Nouveau-Brunswick, en septembre 2004. La cérémonie réunit le gratin du monde des affaires et de la politique. Le déroulement prévoit la coupe du ruban et la prise d'un tout premier appel. La voix doit provenir de Montréal et être transmise à Saint-Jean. Mais soudain, un problème technique survient pendant la préparation et ça ne fonctionne pas. C'est la catastrophe. Je ne dors pas pendant 35 heures de suite. Je pleure pour un rien. Par chance, et avec beaucoup d'huile de coude, ça fonctionne pendant la conférence de presse.

Nous avons vendu la majorité de nos actions dans Atelka à un partenaire stratégique en avril 2012. À l'heure où j'écris ce livre, nous sommes encore actionnaires minoritaires. L'entreprise compte 2 500 employés et des centres d'appels au Québec, en Ontario, au Nouveau-Brunswick et à l'Île-du-Prince-Édouard.

Quand j'y pense, nous avons joué les James Bond. Dans une situation apparemment sans issue, notre faculté d'adaptation et notre agilité à saisir l'occasion ont fait la différence entre l'échec et l'ascension. Une fois l'argent de Pierre Racz dépensé, notre entreprise ne valait plus rien. Nous ne pouvions même pas le rembourser. Notre projet n'avait pas fonctionné alors que lui avait pris le risque de nous confier le fruit de son travail, son argent. Nous avons su être « opportunistes » en allant travailler comme consultants. Et une fois encore, ce mercredi de septembre 2003, si nous avions refusé le contrat de Microcell que Georges avait obtenu et qui devait débuter à peine deux jours plus tard, le vendredi, nous n'aurions peut-être jamais connu une croissance aussi phénoménale.

4

COMMENT JE SUIS **DEVENU** UN **DRAGON**

La populaire émission télévisée *Dans l'œil du dragon*, diffusée à Radio-Canada depuis 2012, est le pendant français de *Dragons' Den*, à l'antenne de la CBC. Le concept original de l'émission, maintenant repris dans le monde entier, est né au Japon: des entrepreneurs viennent présenter à un panel d'investisseurs un résumé de leur plan d'affaires dans l'espoir d'obtenir les fonds qui leur permettront de concrétiser leur projet. Je me suis qualifié et je suis devenu un dragon!

Une amie m'avait lancé le défi de participer à *Un souper presque parfait* (2011). Cette première apparition m'a permis de comprendre l'immense pouvoir de la télé. Mais j'ai pris le parti de m'y amuser, sans autre prétention ni objectif. Et c'est devenu pour moi une nouvelle passion.

Peu de temps après cette première participation, je vois dans le journal une invitation à poser sa candidature pour l'émission *Dans l'œil du dragon*. J'ai immédiatement demandé au producteur d'*Un souper presque parfait* de me mettre en contact avec celui des dragons. Ce dernier a déjà pris contact avec quelque 200 entrepreneurs... nantis, puisque c'est une des conditions de la sélection, et ayant démarré une entreprise à partir de zéro. Je le rencontre et lui parle des émissions de la version anglaise que j'ai suivies. Ma participation à *Un souper presque parfait* peut me servir ou me desservir. D'une part, elle représente une expérience pratique de la télé. D'autre part, comme c'est un divertissement, elle risque aussi de m'interdire l'entrée de cette série sur l'entrepreneuriat et l'investissement. Le producteur m'invite à lui envoyer une photo de moi et à me présenter à une audition. Je suis donc parmi les 25 candidats retenus au terme de cette première étape.

À la première audition, je suis seul. Ce n'est pas facile parce que, pour une première fois et devant ce jury, je dois vendre François Lambert, le communicateur médiatique. Je me suis donc glissé dans la peau d'un dragon. Après avoir visionné toutes les émissions disponibles sur Internet, j'avais une idée assez juste de la façon de me comporter. Et puis, j'étais certain que ces gens cherchaient un type de personnalité bien précis, qui allait se démarquer des autres. Je suis une personne qui dit ce qu'elle pense, sans détour : c'est un rôle naturel pour moi. Certains prétendent que je suis hautain, voire cassant, mais c'est la rançon de la franchise. Au terme de cette deuxième étape, je me retrouve parmi les 10 candidats qui passent en finale.

> **Certains prétendent que je suis hautain, voire cassant, mais c'est la rançon de la franchise.**

La seconde audition a lieu le 10 novembre 2011. Cette fois, il s'agit d'une entrevue de groupe. Entre autres, avec moi, il y a ma collègue actuelle, Danièle Henkel. Je veille à faire des commentaires vrais, précis, mais brefs.

Le soir même, je reçois un courriel. Je suis si fébrile que je dois le lire deux fois avant de saisir que ma candidature est retenue. Depuis, entre *Dans l'œil du dragon* et moi, c'est une belle histoire d'amour. Cette émission de type télé-réalité me donne une seconde dimension, une deuxième vie. Elle me présente sous les traits d'un personnage qui n'est ni tout à fait moi, ni tout à fait une composition.

De nombreux téléspectateurs refusent de croire que nous investissons notre propre argent, mais c'est le cas. Durant la première saison, entre autres, j'ai pris un engagement de 70 000 $ envers un entrepreneur. Après avoir versé une première fraction de la somme, pendant des mois, j'ai réclamé un rapport sur les progrès accomplis et un état de situation, mais en vain. Évidemment, en investisseur aussi prudent qu'inquiet, j'ai retenu les sommes correspondant aux versements suivants. L'entrepreneur ne me fournissant pas les informations convenues, je n'allais pas lui confier mon argent avant qu'il n'ait régularisé la situation. Sur la place publique, sans doute pour se justifier, l'entrepreneur a prétendu que je l'avais lâché et que je refusais désormais d'investir dans son projet. C'était faux, bien sûr. Mais devant un tel manque de probité, je lui ai fait savoir qu'en effet je mettais fin à notre association.

Sur 10 investissements consentis, pour des entreprises ou des idées, 7 n'aboutiront à rien ou presque, 2 vont se révéler de rendement moyen et 1 seul deviendra un succès.

Au total, j'investis un peu plus de 400 000 $ par saison. Ce sont des investissements trop jeunes pour que je puisse dire si telle entreprise dont le gestionnaire est venu présenter son plan d'affaires « va lever », et jusqu'à quel point chaque investissement sera rentable. Lorsque je m'engage, je suis convaincu que l'entreprise connaîtra du succès. Seul le temps peut me donner raison ou tort. Toutefois, je suis sûr et certain que certains choix vont s'avérer des « coups de circuit ».

L'émission met en scène une sorte de *speed-dating* entrepreneurial : nous n'avons que quelques minutes pour faire ou non une promesse d'investissement dans une entreprise, à la condition qu'une vérification confirme les dires du candidat. Nous acceptons également de rencontrer les entrepreneurs. Cela dit, chacun de nous est conscient que, sur 10 investissements consentis, pour des entreprises ou des idées, 7 n'aboutiront à rien ou presque, 2 vont se révéler de rendement moyen et 1 seul deviendra un succès. C'est la norme, en affaires. Par ailleurs, la plupart des entreprises, plus de 50 % en fait, ne passent pas le cap des cinq ans, et 9 entreprises sur 10 ne soufflent pas leurs 10 bougies.

MON APPROCHE DE DRAGON INVESTISSEUR

Depuis les premiers enregistrements, l'investisseur en moi a changé. Durant la première saison, je m'intéressais d'abord au produit, non à l'individu : je me laissais séduire par le produit. Mais chaque fois que je me comportais ainsi, je me retrouvais à gérer l'entreprise parce que l'entrepreneur était faible. J'avais oublié que l'entrepreneur devient un partenaire. Je me suis rendu compte qu'en me laissant séduire par le produit, je risquais de me retrouver associé à une personne avec laquelle je n'ai que peu ou pas d'affinités, ces dernières étant essentielles pour un partenariat durable.

Dès la deuxième saison, je me suis mis à porter mon regard sur l'entrepreneur, le produit a pris la deuxième place.

1 La personne qui descend l'escalier a 90 secondes pour me séduire. Dès que je l'aperçois, je me pose les questions suivantes : « Est-ce que je l'inviterais au chalet ? Est-ce que j'irais boire un pot avec elle ? Est-ce que je vais lui donner mon numéro de téléphone ? » Si la réponse à ces questions est négative, je risque fort de passer.

2 Si je suis confiant, je vérifie que cette personne connaît bien son produit et qu'elle a fait des recherches sérieuses sur son marché éventuel.

3 Si son projet est toujours attirant, je me demande : « Est-ce qu'on a là un produit prometteur et est-ce qu'on va pouvoir en faire un succès ? »

Ensuite vient l'étape du flirt, et le pouvoir change de mains. S'il y a plusieurs dragons intéressés, je dois amener le candidat à me choisir : « Si je mise sur vous et votre entreprise, je ne veux pas perdre cet argent. En plus de mon investissement, j'apporte donc les connaissances, l'expérience et les relations d'affaires qu'il faut pour qu'ensemble nous connaissions le succès. » Et c'est une offre franche et honnête, car, en effet, quand j'investis, je veux faire de l'argent.

Si je mise sur vous et votre entreprise, je ne veux pas perdre cet argent...

Il faut maintenant que cet entrepreneur ait le goût de travailler avec moi et pas avec un autre. Je sens, au langage corporel et à son regard, quel dragon l'attire le plus. Et puis, il y a des alliances entre les dragons... et des luttes. Cela ajoute au spectacle. Si nous étions tous du même bois, ce serait ennuyant à mourir.

5

DE **DRAGON** À **CONFÉRENCIER**

« **V**ous devriez venir dans mon entreprise, on aurait bien besoin de votre expérience. » Chaque fois que je prononce une allocution, j'entends invariablement ce genre de commentaires au terme de ma prestation.

Je donne des conférences au Québec et au Nouveau-Brunswick. Mes auditoires sont variés et il peut y avoir 100 personnes comme il peut y en avoir 800. C'est bien sûr la notoriété et la crédibilité venues avec mes prestations télévisées qui ont créé cette demande. Je pense que chaque entrepreneur qui réussit se doit d'avoir un rôle social, de partager son expérience avec d'autres.

Devant moi, il y a des gens recherchant l'étincelle de l'inspiration et des gens d'affaires venus glaner quelques trucs et se rassurer. Je suis attentif aux jeunes qui se cherchent et ne savent pas comment envisager l'avenir. Dans la mesure où ils sont prêts à bûcher, à suivre leurs convictions et surtout à respecter leurs valeurs, je veux leur donner l'espoir d'un avenir meilleur et plus porteur. Essentiellement, je veux partager mon expérience et être une source d'inspiration. Je ne change pas de personnalité. Je reste moi-même, c'est-à-dire direct, flamboyant et même provocateur à l'occasion, mais drôle aussi.

Un des messages clés de mes conférences, c'est qu'il ne doit pas y avoir deux PDG dans une entreprise : il faut un seul conducteur de train ! J'avais été appelé à donner une conférence pour une entreprise qui venait de fusionner : il y avait deux PDG dans la nouvelle organisation ! J'ai commencé par un clin d'œil en disant que j'allais modifier la conférence, puisque j'avais un gros chapitre sur le fait qu'il ne doit jamais y avoir deux PDG dans une entreprise.

Je veux que les membres de l'auditoire apprennent par le plaisir et dans un registre qui leur convient. J'avais tendance à toucher davantage les auditifs que les visuels ou les kinesthésiques. J'ai ajouté plusieurs explications audiovisuelles. Naturellement, les mots et les idées se télescopent tellement je parle rapidement – je m'emballe, mais c'est vivant !

Je me déplace aussi dans la salle. Je pose des questions. « Ça ressemble à quoi, pour vous, une opportunité ? » Si l'auditoire reste timide ou ne sait pas quoi répondre, je poursuis : « Pour moi, une opportunité, c'est une ligne droite qui tend vers l'infini, et la seule façon de la faire bifurquer de son chemin, c'est de la saisir ! » Ce faisant, je passe dans la salle en leur disant : « C'est le moment de me poser des questions », et j'avance. Soudain, quelqu'un pose une question derrière moi. Je lui dis : « C'est trop tard, je suis déjà passé, vous avez raté l'opportunité. » Ça permet à mon auditoire de visualiser ce qu'est une opportunité d'affaires, et que le moment pour la saisir est très court.

C'est gratifiant de donner des conférences, parce que je peux partager mon expérience et soutenir l'espoir ou le travail de personnes qui cherchent simplement à être heureux.

J'ai préparé mes conférences pour qu'elles soient également un vrai divertissement pour l'auditoire.

Une expérience qui

MARQUE

Je me suis déjà cassé la gueule devant un auditoire de

800 PERSONNES.

C'était ma troisième conférence en vingt-quatre heures. Avant l'entrée en scène, l'organisateur m'a dit à la blague que je serais pourri. De surcroît, j'avais accepté un souper la veille, une erreur de jugement. J'ai raté mon entrée en matière et j'ai été moins bon que d'habitude.

J'ai le devoir d'arriver reposé et concentré pour allumer une étincelle.

Partie 2

ENTREPRENEUR, UN ÉTAT D'ESPRIT

6

IVRESSE
AU VOLANT !

Être entrepreneur, c'est un état d'esprit, ce n'est pas un métier.

Je suis sûr d'une chose : en tant que sportif, je constate que celui ou celle qui s'entraîne en vue d'une épreuve et l'entrepreneur partagent la même passion dévorante. L'entrepreneur et le sportif ne pensent même pas à prendre des vacances, parce que leur but est devenu une extension de leur personne : le travail, c'est comme les vacances. Pour ma part, je n'éprouvais pas le besoin de prendre des vacances parce que ça m'éloignait de mon rêve. Pourquoi aller me divertir quand je m'amusais tous les jours ? Je nourrissais ma passion, mon entreprise, et elle était ma source de vie. Même quand je travaillais presque jour et nuit, avec la pression de construire le logiciel et de répondre aux besoins du client – et Georges partageait ça avec moi aussi –, j'avais le sentiment d'être en vacances.

Je n'éprouvais pas le besoin de prendre des vacances...

Avec le recul, je m'aperçois que mes collègues entrepreneurs et moi avons une envie commune de maîtriser notre destin en prenant en main, entre autres, notre vie professionnelle.

Soudain, une idée surgit dans notre esprit. Elle devient rapidement une idée fixe. Nourris par cette unique pensée, nos esprits d'entrepreneurs élaborent peu à peu une vision de ce à quoi nous voulons consacrer notre vie, de notre projet, à la fois personnel et professionnel. Elle nourrit notre ambition : nous y puisons un courage inébranlable et faisons preuve d'une grande énergie.

On aurait tort de croire que nous, les entrepreneurs, sommes aveuglés par notre passion. Nous connaissons bien les risques. Peu importe, notre état d'esprit nous donne le courage d'affronter les tempêtes et de passer au travers. Nous prenons plaisir au combat pour la survie et la progression : ça devient une sorte d'assuétude et donc une journée loin de l'entreprise est un dimanche de fortes pluies.

Le danger pour l'entrepreneur, cependant, c'est de traiter son entreprise comme un bébé... se laisser emporter par les liens émotifs. Les liens émotifs ne sont pas bons pour l'entreprise, parce que les décisions pourraient cesser d'être rationnelles.

LES FAÇONS DE FAIRE GAGNANTES D'UN ENTREPRENEUR

1. ***Think Big, Start Small*** (Voyez grand, mais débutez modestement - traduction libre). Pensez toujours à dominer le marché auquel vous vous attaquez, mais aussi à contrôler vos dépenses, surtout au début. Contrôler les frais fixes est le nerf de la guerre.

2. ***Hire Slowly, Fire Rapidly*** (Prenez le temps d'embaucher, mais congédiez rapidement - traduction libre). Prenez le temps nécessaire lorsque vous embauchez quelqu'un, car une mauvaise personne dans un poste donné ne réglera rien et, en même temps, lorsqu'une personne ne fait pas l'affaire, il faut la congédier rapidement, car elle vous fera plus de tort que de bien.

3. **Être visionnaire!** Proposez toujours quelque chose de différent, regardez ce que vos compétiteurs font et pensez quelques mois à l'avance. Soyez différent!

4. **Vivre dans le présent, mais toujours penser au futur et aménager des fenêtres d'opportunités.** Une entreprise se doit de vivre dans le présent, mais si elle ne regarde pas vers le futur, elle risque de prendre du retard et de manquer des opportunités.

5. **S'entourer de gens compétents.** Une personne incompétente devient une dépense pour une entreprise : chaque employé devrait apporter une plus-value et être vu comme une source de revenus.

6. **Être autosuffisant.** Comme patron, vous n'aurez jamais de rétroaction positive. Les employés viendront rarement vous voir pour vous dire qu'ils vous aiment. Votre récompense est la croissance de l'entreprise.

7. **Établir ses stratégies en tenant compte de ses limites.** On a tous des limites et, en tant qu'entrepreneur, on doit les connaître et s'entourer de gens qui vont compenser celles-ci, pendant que nous travaillons sur nos forces.

Le principe de **PETER**

Selon ce principe, chaque personne

atteint à un moment ou l'autre son

NIVEAU D'INCOMPÉTENCE

Ce qui veut dire que, dans une entreprise

où l'on favorise des promotions internes,

un poste finit par être occupé par

UN EMPLOYÉ INCOMPÉTENT.

CONNAÎTRE SES LIMITES ET RECONNAÎTRE CELLES DE SON PERSONNEL

Pour ne pas tomber dans le piège du principe de Peter, il faut connaître et reconnaître ses limites et celles de ses collaborateurs.

Lancer et gérer une entreprise est semblable à un marathon, c'est tout le contraire d'un sprint de 100 mètres. Durant un marathon, il faut savoir fournir un effort à long terme. Et adopter une stratégie de dépense de son énergie conçue exprès pour ça. Le marathonien qui accentue le rythme et gaspille son énergie avant d'avoir la ligne d'arrivée en vue finit par casser et ne termine pas la course, ou alors il finit loin derrière. Une entreprise ne dure pas si sa direction ne connaît pas ses limites et néglige d'établir une stratégie en fonction de celles-ci.

Je reprends l'exemple du marathon. Le marathonien qui complète le parcours en deux heures dix-sept minutes est, dans la plupart des pays, parmi les meilleurs. Mais il n'est pas parmi les 25 meilleurs marathoniens du monde, car il faudrait qu'il soit capable de courir le marathon en moins de deux heures sept minutes. Ce marathonien est heureux s'il accepte cette réalité et il doit définir sa stratégie en conséquence.

Voici un exemple de cette comparaison en affaires : être le meilleur acériculteur de son village est déjà un succès, si c'était l'objectif de cet entrepreneur.

Quant à moi, je suis un bâtisseur d'entreprises : j'aime débroussailler, ouvrir un chemin dans la forêt et me dire : « oui, je suis dans le trouble, mais je vais franchir l'obstacle et en sortir plus sage, meilleur et plus fort ! » Mais la gestion quotidienne d'une entreprise m'ennuie. Je m'entoure donc d'opérateurs. Mais pas n'importe lesquels.

> **Oui, je suis dans le trouble, mais je vais franchir l'obstacle et en sortir plus sage, meilleur et plus fort !**

Il faut prendre le temps nécessaire pour débusquer et choisir le meilleur employé, même s'il coûte plus cher, parce qu'il va livrer la marchandise. L'employé à demi-tarif qui vous livre des bogues vous coûte, en fin de compte, d'abord la main, puis tout le bras. J'ai eu la chance d'embaucher un programmeur génial. Dans les 20 premières heures de travail au bureau, il a réglé un bogue que nous traînions depuis six mois : il l'a analysé et corrigé. Ça, c'est un très bon employé ! Un consultant doit en faire autant, sinon le client va vite lui montrer la porte.

Dans le sport, on est d'abord un individu : on doit continuellement travailler nos faiblesses pour faire de nous un athlète parfait. En affaires, on ne travaille pas individuellement. Il faut connaître ses limites pour s'entourer de collaborateurs qui combleront nos faiblesses. Le monde des affaires est un monde où il ne faut pas perdre de temps : si je ne suis pas bon en marketing, alors que mes forces sont l'informatique et les opérations, ce n'est pas une bonne idée de passer du temps à apprendre à faire un plan de marketing. Je ferais bien mieux d'embaucher quelqu'un dont c'est la spécialité. L'entrepreneur est un athlète imparfait, et c'est tant mieux.

La « règle des 9 mois »

Il y a des gens compétents, qui brillent en entrevue, mais qui, une fois en poste, veulent tout changer parce qu'ils ne connaissent qu'une façon de travailler et refusent de s'adapter à une nouvelle réalité. En général, au bout de neuf mois ces personnes partent d'elles-mêmes. Mais pendant neuf mois leur travail n'a pas beaucoup progressé.

Par contre, un parfait incompétent est identifiable dès son entrée en poste, mais on a tendance à fermer les yeux et à croire que tout s'arrangera. Erreur funeste ! Il se reconnaît à plusieurs façons d'agir : il trouve toujours de bonnes excuses, il n'a pas le bon matériel, il doit consulter continuellement, il fait venir des fournisseurs... Bref, c'est un champion pour remplir une journée qui a l'air productive, mais qui ne l'est pas !

8

BANNIR LES PLANS B

PLONGER ET SE CONDAMNER À RÉUSSIR

Lancer une entreprise équivaut, en dépit des études de marché et de la planification, à se lancer dans l'inconnu. Georges et moi, nous avons plongé dans un océan d'inconnu... en croyant naïvement savoir nager. Seulement, nous avions la foi, ainsi qu'une grande confiance en nos capacités. Nous nous sommes rendu compte au bout de quelques mois que c'était plutôt l'enfer. Nous n'avions pas de plan B. Nous devions trouver des façons d'innover et de passer à travers la tempête. L'eau, comme les affaires, représente un danger pour qui ne sait pas nager. La notion d'adaptation à notre environnement est fascinante. C'est une application répandue d'un principe des sciences de la vie, mais elle est mal comprise et mal intégrée. Pour moi, elle s'applique au plan A.

Une fois qu'on a plongé et qu'on nage dans l'eau tumultueuse, il faut tenir le coup. Le plan B nous mènerait à rester sur la rive. Quand je me suis

Quand je me suis lancé en affaires, j'étais condamné à réussir...

lancé en affaires, j'étais condamné à réussir, car tout perdre ne faisait pas partie du scénario. Il ne faut pas qu'il y ait de retour possible. Une fois qu'on a sauté à l'eau, il faut nager et atteindre l'autre rive, c'est la seule façon d'aider l'entreprise à survivre et à réussir.

UN PLAN B EST CONTRE-PRODUCTIF

Je crois que le plan B est une idée contre-productive. Quand je dis qu'il ne faut pas avoir de plan B, c'est que je maintiens qu'il ne faut avoir que des plans A, et je dirais même plusieurs plans A. Pour ma part, je modifie tout le temps mon plan A. Je refuse de prévoir le pire, mais je fais face à la situation et, s'il faut que je change de direction, j'en change.

J'ai une amie actrice qui occupe un emploi à temps plein dans une entreprise (son plan B) en attendant de percer. Ça fait 12 ans et son rêve de devenir une actrice recherchée est encore sur la glace. En effet, parce qu'elle occupe cet emploi, elle n'est pas disponible jour et nuit pour passer des auditions. Son plan B l'empêche de mettre toute son énergie à réaliser son plan A. D'autres acteurs et actrices ont choisi de réaliser leur plan A, celui de jouer, en s'expatriant ou en refusant tout autre emploi qui les empêcherait d'étudier des rôles, de faire des remplacements ou de passer des auditions.

Le plan B, notre
MAÎTRESSE

UN PLAN B, c'est comme une maîtresse ou un amant qu'on prend au lieu de faire ce qu'il faut pour que notre couple, le plan A, soit harmonieux. C'est une relation compensatoire, un pansement. Le plan B est une invitation au désastre. Voilà pourquoi je dis qu'en me lançant en affaires, je me suis condamné à réussir : perdre ne faisait pas partie de mon scénario. Je dis donc plan A parce que, quand je me lance dans un projet, je ne prévois pas le pire, je ne fais pas de plan B. Je suis peut-être naïvement persuadé que lorsque je me lance un défi, je vais le relever. Donc, si on rentre un soir et qu'on dit à sa femme qu'on la quitte – pour la maîtresse ou pour une autre raison –, on vient de créer un nouveau plan A.

Souvent, les entreprises de logiciels en démarrage vont offrir des services de consultation, parce que ça apporte de l'eau au moulin. Le problème, c'est qu'en même temps ils doivent écrire un logiciel. Et souvent la personne qui travaille au logiciel est aussi celle qui fait la consultation. Lorsqu'on veut écrire un logiciel, on doit se concentrer sur le logiciel. L'accent mis sur le but est important et il faut savoir dire non à ce qui nous en éloigne. Pour moi, la consultation, c'était un plan Z : c'était la dernière chose que je voulais faire. Je l'ai fait, mais ce n'était pas l'objectif de ma carrière et ce n'était pas écrit dans mon plan d'affaires. Je l'ai fait pour financer mon projet d'entreprise. Ce que j'aime, c'est bâtir des entreprises, mettre une entreprise au monde : ça, c'est enivrant ! Il y a une beauté, une pureté à voir les gens se lancer en affaires. J'ai eu la chance de connaître cette ivresse deux fois, avec Aheeva et avec Atelka. Je m'estime très chanceux.

Je ne méprise pas les plans B, mais je mise d'abord sur la réussite. Je planifie le succès, pas le désastre. Quand on démarre une entreprise ou tout autre projet, on doit s'y consacrer pleinement et ne pas mettre dans l'engrenage des objectifs qu'on ne veut pas atteindre.

Une réussite personnelle, comme une réussite en affaires, est un enchaînement de plans A.

Quand je regarde mon parcours, je ne vois pas de plan B. Je n'en ai jamais eu. J'adapte mon plan A en cours de route. Cette faculté d'adaptation, je l'ai déjà dit, c'est la grande qualité des entrepreneurs, des athlètes aussi. Au lieu de percevoir l'adversité comme un obstacle, on la voit comme un défi. Une réussite personnelle, comme une réussite en affaires, est un enchaînement de plans A.

9

UNE **BONNE IDÉE,** ÇA NE **VAUT RIEN**

En soi, les idées, même géniales, ne valent rien, même pas une cenne noire. Seul compte ce qu'on en fait! Généralement, les gens sont assez d'accord là-dessus, sauf bien sûr quand il s'agit de leur propre idée. Tout le monde a de bonnes idées.

Chaque mois, je reçois des centaines de messages du type : « J'ai une idée extra qui va faire beaucoup d'argent! » Or, le succès ne vient pas de l'idée en soi; il découle du plan et de l'exécution pour la concrétiser et la faire fructifier. À tel point qu'une mauvaise idée, soutenue par un bon plan d'exécution, a des chances de faire son chemin. Et puis, en général, les bonnes idées ne durent pas plus que durent les partys de famille ou entre amis!

> **Le succès ne vient pas de l'idée en soi ; il découle du plan et de l'exécution.**

Une bonne idée seule n'a pas d'avenir. Pour en faire un succès, il faut les trois éléments suivants (voir aussi à la page 105 *Les 3 clés du succès en affaires*):

1 LA VRAIE BONNE IDÉE, celle qui vous obsède, vous passionne et vous passionnera pour des années;

2 UN VRAI BON PLAN D'EXÉCUTION (pas nécessairement un plan d'affaires – un plan de mise en œuvre du plan d'affaires);

3 UN INVESTISSEMENT SUFFISANT et, souvent, l'investisseur qui vient avec.

À celui ou celle qui prétend savoir la valeur exacte de son idée et de son entreprise, je réponds que ça ne se calcule pas d'un simple coup d'œil. L'idée en germe ne vaut rien et l'entreprise ne vaut pas plus que les résultats de son dernier trimestre ou que ce qu'un acheteur est prêt à payer pour l'acquérir, en tout ou en partie.

À l'émission
Dans l'œil du
DRAGON,
à celui qui me dit :

« Mon entreprise vaut

2 MILLIONS »

je réponds :

« Votre entreprise vaut
ce que je viens de vous offrir »

Ça me fait passer pour un requin, mais, honnêtement, c'est à mes yeux ce que vaut cette entreprise et ce que le marché est prêt à payer. **Et à cet instant précis, le marché, c'est moi !**

10

LE **LANCEMENT** D'UNE **ENTREPRISE**: **RÉFLÉCHIR** PENDANT...

L e démarrage d'une entreprise, ou *start-up*, représente un attrait indéniable pour de nombreuses personnes. L'évolution de la société et de l'économie, autant sur le plan national qu'international, ouvre de nouvelles avenues aux entrepreneurs en devenir. Par ailleurs, les gouvernements et certains individus, dont moi, consentent plus que jamais des ressources et des moyens pour soutenir le démarrage d'une entreprise, peu importe sa taille. Cela dit, l'entrepreneuriat n'est pas à la portée de tous.

Chacun a ses raisons pour se lancer en affaires, mais tout le monde fait face aux mêmes obstacles : démarrer et faire prospérer une entreprise, jeune ou plus ancienne, exige un travail de tous les instants. C'est un engagement total qui demande du temps, beaucoup de temps, une planification soignée et réaliste, de la discipline, de la persévérance et, bien sûr, des fonds.

Il n'existe pas de formule ni de structure commune, chaque entreprise est à l'image de son propriétaire. Toutefois, pour vaincre les obstacles, il existe de bonnes pratiques qui assurent des fondements solides.

Une *start-up*, aussi nommée entreprise en démarrage, débute avec un coup de foudre pour une idée, un rêve qui nous pousse à le concrétiser. On réalise un fantasme. On veut livrer la marchandise, mais on ne sait pas quand ça va se produire. On devient habité, galvanisé et hyperpassionné par son projet d'affaires. Petite parenthèse, le terme *start-up* est approprié surtout en ce qui concerne les technologies de l'information, le domaine du logiciel en particulier. Dans ce domaine, on n'est pas obligé d'atteindre la perfection avant d'amener le produit sur le marché. Pour une prothèse, par contre, son fabricant ne peut mettre le produit sur le marché avant que celui-ci ait réussi une batterie de tests, et c'est normal.

LA *START-UP*
AHEEVA

Nous étions en période de construction d'entreprise. Tout le monde faisait des heures de fou. Nous étions devenus une secte. Pour les employés, ces conditions de travail frôlaient l'abus, mais ils y trouvaient leur compte parce que c'était enivrant pour eux aussi. Et ils étaient très bien rémunérés.

Une magie s'installe lorsque les employés adhèrent peu à peu au rêve des dirigeants. Ils se mettent à partager la passion. Cette force du groupe est porteuse. Ils partagent les moments de joie qui compensent les périodes de découragement. Et l'arrivée d'un premier client est un moment d'énorme euphorie pour tous, parce que chacun voit ses efforts récompensés.

D'ailleurs, le film *The Social Network*, qui raconte les débuts de Facebook, donne une idée assez juste des débuts d'Aheeva. Et ce n'est certes pas un hasard si Google a choisi un modèle organisationnel constitué de grappes de *start-ups* : l'entreprise regroupe plusieurs petites entreprises qui toutes contribuent à la grande. Ses dirigeants ont compris à quel point l'effort collectif d'un groupe restreint et solidaire déplace des montagnes.

Une fois que l'entreprise a grandi, la culture si spéciale des débuts s'est tranquillement étiolée. Un à un, les collaborateurs de la première heure ont remis leur démission. Ces gens ne travaillaient pas seulement pour l'argent, ils vivaient de la passion qui nous animait tous. La passion évanouie, ils s'ennuyaient à mourir : il manquait quelque chose dans leur vie, pour leur satisfaction personnelle.

****

Je ne me lancerai pas dans une troisième *start-up*. Je sais d'expérience la somme de travail demandée, l'énergie et le temps à y consacrer. Je ne pense pas avoir encore la patience de m'enfermer ni de passer par des mois et des mois de construction.

Quel est le bon moment pour entrer en AFFAIRES ?

Le meilleur moment, c'est quand on décide de faire le saut. Le « bon moment » pour moi, ça a été lorsque je me suis trouvé dans la situation où j'avais acheté une maison en contractant une hypothèque, où ma femme était enceinte et où mon meilleur ami revenait du Liban avec deux enfants et un travail qu'il n'aimait pas. Nous nous sommes dit que toutes les conditions de la réussite étaient réunies, parce que nous n'avions tout simplement pas le choix de réussir... Évidemment, sur papier, c'était le pire moment !

11

LE MOMENT **PROPICE** POUR SE LANCER EN **AFFAIRES**

J e ne crois pas qu'il y ait de bons ou de mauvais moments pour lancer son entreprise. Tous les moments sont bons! Autrement dit, une personne imaginative, tenace, non conformiste, qui ne craint pas de s'investir complètement, a autant de chances de réussir, voire un peu plus, en période difficile économiquement qu'en période plus sereine.

L'important reste de trouver une idée, un créneau porteur. Tous ceux habités par l'idée de lancer une entreprise trouveront ce créneau, il suffit de garder les yeux et l'esprit ouverts.

Les moments qui paraissent défavorables sont, paradoxalement, ceux qui offrent le plus de fenêtres d'opportunité. N'écoutez pas les personnes qui se croient «raisonnables» et cherchent à vous dissuader. Vous voudrez plonger même si l'entrepreneuriat est risqué, parce que ce sera plus fort que vous. Vous ferez des d'erreurs – qui n'en fait pas? –, mais les personnes tenaces et volontaires s'en sortent d'une manière ou d'une autre. Si le créneau n'est pas aussi porteur qu'elles l'ont d'abord cru, elles se réorientent et continuent leur progression.

Les risques d'échouer sont omniprésents. Une bonne idée, un plan d'exécution et des qualités d'entrepreneur – le sens des responsabilités, l'imagination, la combativité, un certain goût du risque et du travail en équipe – pourront vous mener à bon port.

LE MEILLEUR MOMENT POUR SE LANCER EN AFFAIRES EST MAINTENANT

Maintenant, quand? Maintenant, quand une fenêtre d'opportunité se présente ou quand on a créé l'opportunité. Si l'on ne saisit pas l'occasion qui se présente, quelqu'un d'autre le fera et on aura manqué sa chance. Ce qui fait les grands entrepreneurs, c'est la rapidité de prise de décision: «Voici une occasion, je la saisis!» L'analyste songe, examine et finalement laisse filer l'occasion. L'entrepreneur, lui, analyse après avoir plongé et si cette opportunité n'est pas pour lui, il sort de l'eau, mais il n'a rien perdu. J'en parle en connaissance de cause. J'ai laissé filer une opportunité parce qu'un analyste a examiné la situation pendant six mois... six mois de trop. L'opportunité était là, elle n'y est plus. Il fallait la saisir sur-le-champ.

Voyez l'occasion comme un train à prendre. Il faut y monter avant qu'il ne démarre. Avant l'heure, il est trop tôt; mais quelques secondes de retard et vous restez sur le quai. Ne pensez pas que l'opportunité va repasser. Bien sûr, direz-vous, il y a toujours le train suivant, mais il sera bondé. La concurrence, qui a elle aussi manqué le premier train, va occuper une bonne partie des sièges.

DES SUGGESTIONS D'OPPORTUNITÉ : DES APPLICATIONS POUR LA *SMART WATCH*

La *Smart Watch,* ou montre intelligente, arrive sur le marché : c'est le moment de développer des applications spécifiques pour cette montre et d'être un joueur de pointe quand elle atteindra l'apogée de sa popularité. Que va-t-on faire avec cette montre ? Connaître la météo ? Sans intérêt ! On a déjà ça sur nos téléphones et nos tablettes. Et on ne va pas taper sur un clavier lilliputien ! Dick Tracy* va reprendre du service : l'avenir est à la reconnaissance vocale. Le premier ou la première à mettre au point une application vocale révolutionnaire et fiable connaîtra un immense succès. Clin d'œil : celui qui installera un zoom, pour grossir les caractères, également, car les plus de 40 ans aussi voudront une *Smart Watch.*

ENTREPRENEUR UN JOUR, ENTREPRENEUR TOUJOURS

Je suis toujours à la recherche du *next big thing.* Je me pose continuellement la question : qu'est-ce qui sera *hot* dans deux ou trois ans ? Je n'ai pas perdu espoir de faire partie du groupe qui développera le logiciel qui épatera la galerie pour la *smart watch,* par exemple.

---

* Personnage éponyme de la bande dessinée policière créée par Chester Gould en 1931. Dick Tracy était équipé d'une montre-radio.

12

THINK *BIG,*
START *SMALL*

V oyez grand, mais démarrez petit. Cette phrase inspirante modélise une façon de faire, un mode de pensée, que ce soit chez les politiciens, les entrepreneurs, les joueurs de hockey... Elle résume une façon spéciale de faire les choses, en particulier chez les entrepreneurs. Donald Trump, le magnat américain de l'immobilier, y a ajouté ceci : «*As long as you're going to be thinking anyway, think big.*» (Puisque vous penserez de toute manière, pensez grand – traduction libre.)

On a intérêt à mettre cette manière de penser en pratique dès les débuts de l'entreprise, dans le choix du nom par exemple. *Sirop d'érable François Lambert du 3ᵉ Rang* serait un nom de produit sans couleur, il n'éveille pas l'intérêt du consommateur, ne met pas de l'avant les qualités du produit. Le sirop restera vraisemblablement un produit distribué localement.

Au moment de donner un nom à notre première entreprise, Aheeva, Georges et moi aurions pu choisir un nom composé de nos deux noms ou prénoms, comme c'est souvent le cas. En choisissant un nom différent,

Aheeva, sans le savoir, nous voyions déjà grand. Aheeva, ça ne veut rien dire, enfin pas dans les langues que Georges et moi connaissons, mais ça se prononce facilement, peu importe la région du globe où on habite. Cette caractéristique facilite déjà une expansion sur le plan international, ce qui est un exemple de *think big*.

PUISQU'ON PENSE, POURQUOI NE PAS PENSER GRAND?

Un athlète olympique en natation doit continuellement travailler ses faiblesses...

Il n'est pas plus compliqué de gérer une entreprise employant 3 000 personnes qu'une entreprise de 5 employés. En fait, une entreprise de 5 personnes peut se révéler un véritable casse-tête, parce qu'il y a peu de délégation possible.

Par ailleurs, lorsqu'on voit grand, on ne craint pas d'embaucher des gens plus talentueux que soi. On doit d'abord faire l'inventaire de nos forces et de nos faiblesses et recruter les collaborateurs dont les points forts compensent nos points faibles et renforcent le bassin de talent de l'entreprise. Ainsi, un entrepreneur dont le point fort est l'organisation, mais qui a peu d'expérience en commercialisation, se doit de recruter le meilleur candidat en commercialisation sur le marché de l'emploi.

Un athlète olympique en natation doit continuellement travailler ses faiblesses : son plongeon de départ, son entrée dans l'eau, son battement de pieds. Mais en affaires, c'est le contraire : on se consacre aux travaux qui relèvent de nos forces et on recrute des personnes qui combleront nos faiblesses.

THINK BIG, START SMALL :

la façon de se prévenir contre les aléas

L'entrepreneur peut faire preuve d'une grande confiance en soi, en son entreprise et en ses produits, il vit constamment sous la menace de perdre un client et des revenus. Il faut donc s'en prémunir.

Quelques conseils :

1. On ne loue pas un bureau tant qu'on n'a pas trouvé un client.

2. On n'investit pas dans un inventaire important s'il risque de dormir sur les rayons d'un entrepôt.

3. L'entrepreneur qui croit faire des économies en confiant la fabrication des produits en Chine doit en commander une quantité considérable pour que le prix à l'unité soit le plus faible possible ; par contre, il est suicidaire de commander 100 000 articles quand on ne va en vendre que 5 000.

4. La croissance est tributaire des revenus et, sans clients, les revenus ne viennent pas.

DÉMARRER PETIT

On a beau planifier et croire qu'on a réinventé le bouton à quatre trous... l'improbable va arriver. On connaît le passé, mais chaque matin, au lever, on se demande ce que la journée, le lendemain, la semaine ou le mois suivant nous réserve. Une seule chose est certaine, le ciel ne sera pas toujours bleu et il y aura toujours des défis à relever.

DES BULLES QUI PEUVENT FAIRE MAL

Il y a eu une bulle internet pendant laquelle investisseurs et spéculateurs étaient convaincus que le secteur allait croître énormément en peu de temps. L'argent était disponible à profusion pour le démarrage d'entreprises dans ce domaine. Les entrepreneurs voyaient grand et démarraient en grand. C'était l'époque du *think big, start big*. Mais les clients n'étaient pas au rendez-vous. La bulle a éclaté et bien du monde y a perdu sa chemise. Il y a eu ensuite une bulle énergétique. Elle a connu le même sort.

Au moment de la bulle Internet, nous en étions aux premiers stades de la création d'Aheeva. Nous aurions bien aimé penser grand et démarrer en grand, comme tous les nouveaux entrepreneurs de l'époque. Mais nous nous sommes présentés sur le marché avec du retard. Nous n'avons pas obtenu des investisseurs les sommes espérées. Nous avons donc commencé modestement, mais nous avons survécu et nous nous sommes développés.

Avec le recul, je crois que le temps mis à parfaire le concept Aheeva a été salutaire. *Think big, start small,* c'est la façon de se prémunir contre les pertes dues aux immanquables ennuis. Joseph-Armand Bombardier a agi de même lorsqu'il a créé sa motoneige. Une fois son mécanisme au point, il a fabriqué un premier véhicule permettant aux médecins de se rendre au chevet des malades et aux populations rurales de se déplacer l'hiver lorsque les routes n'étaient pas déblayées. D'année en année, de commande en commande, il a agrandi son garage, puis son atelier, avant de construire une usine. Ses successeurs ont profité d'occasions pour diversifier la production avec les transports ferroviaires et aériens. Et tous les Québécois s'enorgueillissent de la formidable ascension de cette entreprise.

L'engouement démesuré qui avait cours pendant la bulle Internet a changé les règles du jeu. La réalité s'est chargée de ramener chacun sur le plancher des vaches du monde des affaires : le *P/E* (ratio entre le prix de l'action et les revenus). Lorsque les bulles éclatent, les entreprises qui ont vu trop grand sont éliminées. Mais après l'éclatement, les occasions ressurgissent. Par exemple, après la disparition de la bulle énergétique, on a assisté au développement des voitures électriques et, bien que cette invention remonte à 1896, on peut maintenant rouler 300 kilomètres sans recharger sa batterie. Dans moins de 10 ans, nous aurons tous une voiture électrique.

Au moment d'écrire ces lignes, on voit se profiler une nouvelle bulle, aussi vicieuse et redoutable que les précédentes : une bulle des applications pour les réseaux sociaux. Tout le monde s'attend à développer la prochaine application qui rapportera des milliards de dollars. Snapchat refuse 2,4 milliards de dollars de la part de Facebook. Nest vient d'être achetée par Google pour 3,2 milliards de dollars, etc. On y est.

13

LE **PARTENARIAT,** C'EST COMME LE **MARIAGE...** EN PLUS **EXIGEANT**

Depuis quelques années, on observe une augmentation de l'intérêt pour le partenariat d'affaires. La popularité de l'émission *Dans l'œil du dragon* en est à la fois la preuve et le moteur. Les nouveaux secteurs, notamment celui des technologies de l'information et des communications, constituent la majorité des nouveaux partenariats. Les exigences du marché, combinées à une concurrence féroce, obligent les entreprises à bouger vite et sans faute. Le partenariat est pour moi une excellente formule d'entrepreneuriat. Je m'explique.

Je suis en quelque sorte marié avec mon associé, Georges. Toutes ces années de travail ensemble m'ont appris qu'un partenariat efficace exige de chacun une bonne connaissance de soi... et de l'autre, ainsi que de l'environnement dans lequel nous évoluons. Notre miniréseau de deux personnes partage une vision stratégique de ce que nous désirons, en plus d'être une alliance fondée sur la franchise et une confiance totale, sur la complémentarité des compétences et sur la compatibilité des caractères et des valeurs. Nous sommes tous deux exigeants, envers nous-mêmes et envers les gens qui nous entourent. Et comme nous faisons face ensemble aux risques inhérents aux affaires, nous résolvons les problèmes en commun. Il est bien entendu logique de partager équitablement les bénéfices.

Georges et moi avons chacun notre rôle. Georges étant un excellent vendeur, il avait le défi de trouver les clients. Pour ma part, aux opérations, j'avais le devoir de respecter nos engagements. Cette distribution des responsabilités nous stimulait l'un et l'autre. N'allez pas croire que Georges est du genre à vendre un frigo à quelqu'un qui vit dans l'Arctique, ce serait donner une image trompeuse de son talent. Et puis nos clients auraient découvert la supercherie et fui nos services. Georges sait établir rapidement la relation avec les personnes qu'il rencontre et ne regarde jamais sa montre. Il voit en chaque client un être et une entreprise uniques et s'y adapte. Il a une excellente connaissance de son produit, des capacités de celui-ci et de ses limites, ainsi que des besoins du client. Enfin, il s'intéresse à l'environnement du client éventuel pour accroître ses propres connaissances, permettre un échange fluide et mutuellement profitable.

Moi, je mesure tout et j'ai une mémoire phénoménale pour les chiffres. J'ai une capacité qui m'étonne moi-même à résoudre des bogues informatiques, et une concentration élevée. Comme Georges, je respecte nos clients et ferai tout ce qu'il faut pour leur donner la lune. Cela dit, notre succès réside dans notre complémentarité et dans notre compatibilité.

Nous avons accepté le fait d'être des adultes avec des forces et des avantages en plus de quelques caractéristiques moins favorables pour le travail. Par ailleurs, comme tout le monde, plus nous avançons en âge, moins il est facile de changer fondamentalement. Notre partenariat a donc débuté par une analyse plus ou moins consciente de nos personnalités, de notre influence l'un sur l'autre et de nos capacités. En quelque sorte, en nous recrutant mutuellement, nous nous sommes engagés l'un envers l'autre.

UN PARTENARIAT RÉUSSI DEMANDE 2 PERSONNALITÉS DOMINANTES

Selon mon expérience et mes observations, un partenariat réussi demande deux personnalités dominantes. En effet, les personnes qui veulent se lancer en affaires veulent dominer, maîtriser leur destinée: c'est pourquoi je crois à l'importance de personnalités fortes dans un partenariat. Une relation ne pourrait être à long terme si l'un des dirigeants était tout le temps dominé. Un partenariat à plusieurs n'est pas nécessairement voué à l'échec immédiat, mais l'atteinte d'un consensus est déjà difficile à deux, imaginez à trois ou plus: il se créera des clivages. C'est le désastre en perspective, surtout si les décisions sont prises individuellement. Une entreprise n'est pas une commune libertaire. Son rythme exige des décideurs débrouillards, qui connaissent bien les ressources à leur disposition et la façon de s'en servir pour obtenir les meilleurs résultats. Pour exceller en cela, les partenariats qui fonctionnent le mieux sont composés de deux personnes.

Je crois même qu'un partenariat à deux est préférable à un gestionnaire unique. Il n'y a en effet pas de sentiment plus satisfaisant que celui de pouvoir partager nos intérêts et notre passion, ni de sentiment plus consolateur que celui de pouvoir compter sur un ami à qui confier nos déceptions.

Nous savons clairement quels sont nos rôles et nos contributions à la gestion. En partenaires complémentaires, nous sommes au courant, à tout moment, de ce que fait l'autre et dans quelles conditions. Nos tâches respectives comportent toujours une échéance. Sans ces précautions, le partenariat reste vague et sujet aux dédoublements et aux oublis. Cette répartition claire des liens et des travaux nourrit le partenariat.

Concrètement, notre partenariat est fort et productif parce qu'il est alimenté par notre désir conscient et sans borne de faire tous deux une très bonne job dans le domaine que nous aimons et où nous excellons, ainsi que celui de constituer une véritable synergie créatrice. Les bons partenaires connaissent leurs capacités, leurs compétences, leurs limites et savent clairement communiquer leurs idées et leurs intérêts. C'est l'élément constitutif de la confiance.

Ah! La franchise et la confiance! La conviction intime que notre partenaire ne joue jamais un double jeu et nous redonne ce qui nous revient. Le tout sans crainte des coups de poignard, même, et peut-être surtout, quand ça va mal entre nous. Je connais bien des couples qui n'y arrivent pas. Les têtes fortes, dont nous faisons partie, n'acceptent jamais qu'on leur marche sur les pieds. Mais nous valsons ensemble, alors c'est inévitable. C'est pourquoi nous faisons régulièrement le ménage : nous vidons les dossiers litigieux. Voilà une autre raison pour laquelle une amitié sincère est capitale entre les partenaires.

> **Les têtes fortes n'acceptent jamais qu'on leur marche sur les pieds. Mais nous valsons ensemble, alors c'est inévitable.**

Je me souviens d'un témoignage de René Simard clamant haut et fort son grand amour pour sa femme et celui, tout aussi puissant, que Marie-Josée Taillefer lui témoigne, après plusieurs années de mariage et en dépit des épreuves qui sont à l'origine de plus d'un divorce. «Nous ne nous sommes jamais couchés en chicane ni sans échanger un baiser, disait-il. Ça ne veut pas dire que nous étions d'accord, mais nous avions mis fin à la chicane. C'était le temps de songer aux solutions et aux compromis. »

Georges et moi nous sommes souvent affrontés, chacun étant convaincu que seule sa position était la bonne. Mais on n'attendait pas que la tempête se calme, on faisait face à nos différends.

Un partenariat, c'est toute une aventure, à la fois plaisante et frustrante.

CE QUI EST PLAISANT DANS LE PARTENARIAT

On n'est pas seul au sommet de l'entreprise, on peut partager les problèmes d'argent, on peut échanger sur le débogage du bogue. On n'est pas seul dans son monde à broyer du noir.

Il faut être optimiste pour être entrepreneur. Pourtant, on est parfois découragé. Le partenaire n'est pas découragé au même moment que vous, il est un soutien moral pour l'autre.

Voici un exemple de l'interaction positive entre les partenaires. Georges et moi avons eu un problème de liquidités. Georges était à Montréal et moi, sur la route – pour économiser de l'argent, je transportais moi-même des ordinateurs vers le Nouveau-Brunswick. Nous n'avions plus d'argent pour payer nos employés le lendemain. Nous frappions un mur, la situation était catastrophique. Nous nous parlions au téléphone : « Demain, il va falloir mettre la clé sous la porte, on ne peut plus payer les employés » (nous avions besoin de 400 000 $ ou 500 000 $, c'était ahurissant). Il en est sorti une solution : Georges a pensé demander au client de nous payer toutes les semaines plutôt qu'une fois par mois. La banque nous a fait confiance et nous a avancé l'argent jusqu'au lundi. Seuls, aurions-nous trouvé la solution ? On reste dans notre petite bulle quand on est seul.

CE QUI EST FRUSTRANT DANS LE PARTENARIAT

Eh oui, le partenariat comporte sa part de frustrations : on est toujours en mode concession. Ça prend de l'humilité pour respecter une façon de penser différente. La façon de fonctionner de l'autre n'est pas la même que la vôtre. Mais heureusement, comme les entrepreneurs comptent sur les résultats, les résultats redonnent confiance.

On n'a pas non plus la liberté totale, il faut rendre des comptes : « Je ne vais pas au bureau demain matin parce que j'ai rendez-vous à la banque. » Je n'étais pas tout à fait mon boss. Et Georges avait les mêmes frustrations. Au fond, on devient l'employé de l'autre, qu'on le veuille ou non. Il nous manque la liberté morale.

Et puis les réunions peuvent être mouvementées entre les partenaires, même si d'autres personnes sont présentes. Il ne faut surtout pas s'attaquer à la personne, mais aux problèmes et aux solutions.

Heureusement, comme les entrepreneurs comptent sur les résultats, les résultats redonnent confiance.

COMMENT MAINTENIR
LE PARTENARIAT

Je reviens sur la nécessité de se pencher sur les progrès, les obstacles. Il doit exister également une solidité des liens, le maintien d'un intérêt intact pour le projet et la mise en marche de nouvelles initiatives. Il ne faut pas non plus oublier de reconnaître et de souligner les bons coups de son partenaire. Enfin, sans résultat encourageant, il convient d'évaluer la pertinence du partenariat à la lumière de la valeur ajoutée qu'apportent les partenaires.

Un partenariat qui marche, c'est la reconnaissance que la synergie des personnes, y compris la saine gestion des secteurs dont ils ont la charge, représente la source du progrès. Nous le verrons plus loin, la transparence est de mise en tout temps.

LES ATTRIBUTS ESSENTIELS D'UN BON PARTENARIAT

Tout entrepreneur qui veut se lancer en partenariat devrait s'assurer d'avoir coché chacun des points suivants;

☐ confiance totale entre les partenaires;

☐ compétences complémentaires (Georges a une formation en informatique et s'occupe de la comptabilité; j'ai une formation en comptabilité et je m'occupe de l'informatique);

☐ habitudes de travail compatibles. (il faut qu'il y ait un sentiment de répartition équitable des tâches);

☐ bonne communication;

☐ partage des mêmes buts;

☐ capacité de chacun à prendre des décisions rapidement:

☐ grande capacité d'exécution;

☐ entente notariée qui définit le partenariat;

☐ stratégie de sortie commune.

14

LA FENÊTRE
D'OPPORTUNITÉ

L e mot « opportunisme » vient du latin *opportunus,* qui signifie : « qui conduit au port », ou au but. En général, on définit l'opportunisme comme une attitude qui consiste à agir selon les circonstances pour en tirer le meilleur parti et servir ses intérêts. Mais le mot suggère aussi que l'opportuniste fait peu de cas des principes moraux. Pourtant, en affaires, l'opportunisme est essentiel. En effet, une opportunité d'affaires est éphémère : elle existe pour un temps limité et elle doit être saisie au moment où vous la découvrez. En management, c'est ce qu'on appelle la fenêtre d'opportunité. Profitez de cette opportunité, foncez, car on ne sait pas quand elle va se représenter et, c'est sûr, quelqu'un va la saisir !

> **Agir selon les circonstances pour en tirer le meilleur parti et servir ses intérêts.**

C'est la même chose dans notre vie, pour n'importe quelle occasion. Si Madonna est une de vos artistes préférées et qu'elle vient donner un concert, ne le ratez pas, peut-être n'en donnera-t-elle jamais plus dans votre ville. Une opportunité peut être aussi simple que ça.

Faire des affaires, c'est une course contre la montre : dans le domaine du logiciel, c'est être plus rapide, à l'avant-garde. On ne fait pas de surplace en *software* : on avance ou on recule. Et puis il est aussi question de mode pour un logiciel : un logiciel d'aujourd'hui se doit d'être compatible avec les téléphones intelligents.

COMMENT RECONNAÎTRE LA BONNE OPPORTUNITÉ?

L'entrepreneur a le choix entre créer un besoin ou améliorer un produit existant.

Prenons l'exemple d'une entreprise qui offre un produit de luxe – parfum, auto, alcool avec publicité à la télé. Elle a créé ce besoin : l'achat d'un produit de luxe va avec l'envie de se gâter. Mais si l'entreprise se trouve en rupture de stock, elle manque une opportunité qui peut être saisie par quelqu'un d'autre qui, lui, va livrer la marchandise. Et les consommateurs vont se déplacer vers le produit concurrent.

Être opportuniste, c'est aussi observer comment les autres travaillent. En 2004, un des éléments qui faisaient défaut dans les centres d'appels était la transparence totale : nous avons fourni cette transparence en donnant aux clients l'accès à nos bases de données et l'accès aux sites de centres d'appels Atelka. En conséquence, et parce que nous avons livré ce qu'on nous demandait, nous avons grossi alors que les autres centres d'appels fermaient.

Le fait de laisser filer une opportunité est plus fréquent que celui de sauter sur une opportunité. La nature humaine est constituée de telle sorte qu'il est toujours plus facile de juger le passé que de prédire le futur. Quand on a raté une occasion, c'est facile de dire: «J'y avais pensé» ou «Si j'avais su».

CEUX QUI ONT EU DU FLAIR... ET LES AUTRES

Commençons par un succès. Dans la version anglaise de *Dans l'œil du dragon, Dragon's Den*, un entrepreneur a inventé un tournevis pour les électriciens, le LockHARD. Il a vu l'opportunité et il a ajouté un embout à un tournevis qui existait!

Pensons à comment Google a pu dépasser Yahoo!. Il y a 10 ans, tout le monde allait sur Yahoo! Google a amélioré la façon de faire les recherches et c'est pour ça qu'il domine le marché. Un autre exemple de moteur de recherche qui a disparu: Copernic, un formidable moteur de recherche québécois racheté par Netscape. Mais qui parle de Netscape aujourd'hui?

Trop de gens ne savent pas faire face au changement, en particulier parce qu'ils ne voient pas la vague arriver. BlackBerry a manqué la vague du iPhone! Apple fait maintenant face à la concurrence de Samsung. Et selon moi, BlackBerry n'existera plus d'ici 18 mois: il sera racheté pour ses clients et ses brevets, et c'est peut-être déjà en train d'arriver.

J'ai récemment travaillé sur un projet d'investissement: l'entrepreneur avait des commandes fermes qu'il n'était pas capable de respecter. Je me disais: comment se fait-il qu'il a des commandes et qu'il n'y arrive pas?

Il manque des opportunités incroyables! En tant qu'entrepreneur, ça me dépasse toujours de voir à quel point on peut manquer d'imagination pour créer des opportunités.

Je conclurai avec l'exemple de Snapchat, dont le fondateur de 23 ans a refusé une offre de 2,4 milliards de dollars de la part de Facebook, qui voulait acheter cette entreprise pour attirer les jeunes. Snapchat permet à un téléphone intelligent de mettre en ligne une photo pour une période allant d'une seconde à une journée. Je crois que le fondateur de Snapchat n'a pas su voir la fenêtre d'opportunité en refusant tout cet argent. En effet, une stratégie de sortie, c'est-à-dire le moment où l'on vend son entreprise, doit aussi tenir compte des fenêtres d'opportunité. Moi, je n'aurais jamais refusé, j'aurais sauté sur l'occasion, car les réseaux sociaux sont éphémères.

15

ME-TOO
OU *COPYCAT*

J e détestais les *me-too*, qu'en anglais on appelle aussi *copycat*... jusqu'à ce que je me rende compte que j'en étais un moi-même! Il y a deux types d'entrepreneurs:

- les pionniers, c'est-à-dire ceux qui innovent. Il faut donc qu'ils fassent de l'évangélisation pour que leur produit trouve preneur: ça demande beaucoup d'énergie et le risque de manquer d'argent est réel;

- les suiveurs, ceux qui copient les meilleures pratiques et en font un succès. Ils sont les exécutants parfaits!

Il me semblait autrefois qu'imiter ou copier était mesquin. Mais pourquoi partir de zéro? Avec Atelka, nous avons imité les modèles existants des centres d'appels en corrigeant les erreurs. Je croyais innover, je me suis rendu compte que Georges et moi avions copié. Les centres d'appels existaient avant nous et existeront longtemps après. Nous avons simplement regardé ce que faisaient les autres pour éviter leurs erreurs et conserver ce qui était efficace.

Aussi estimable que soit l'innovation, les jugements à l'emporte-pièce sur la valeur de l'innovation font de l'ombre à son jumeau : l'imitation. L'imitation est l'occasion des occasions dans le monde des affaires. Elle a toujours eu mauvaise presse. Personne ne vante les vertus du copieur, pourtant l'imitation est nécessaire parce qu'elle engendre elle-même l'innovation ou elle la complète.

> **L'imitation est l'occasion des occasions dans le monde des affaires.**

ENCORE APPLE... ET PANASONIC, HYUNDAI

L'innovation apporte de nouvelles choses dans le monde, l'imitation en répand l'usage. Là où les innovateurs se cassent le nez, les imitateurs font mieux. Et tandis que les innovateurs récoltent seulement une fraction des avantages de leurs créations, les imitateurs ramassent le pactole. Le génie d'Apple ne réside pas dans la création de nouvelles technologies (ce qu'elle fait rarement, d'ailleurs), mais dans la synthèse, la réorganisation et la réorientation de technologies existantes. Depuis son retour du royaume des presque morts, Apple s'est forgé une extraordinaire réputation en paraissant créer des accessoires électroniques irrésistibles, intuitifs et qui remplissent le vide dans nos vies.

Pensez aux Japonais et aux Sud-Coréens qui, ruinés au lendemain de la Deuxième Guerre mondiale, ont copié, à bas prix, les innovations nord-américaines pour construire les empires Sony, Panasonic, Nintendo, Samsung et Hyundai et se hisser parmi les chefs de file mondiaux.

Les dernières décennies ont vu une explosion d'imitations : la Chine et l'Inde ont emboîté le pas et fondé leur croissance sur des industries consacrées à créer des solutions de remplacement peu coûteuses à de nombreux biens essentiels : produits pour la maison, véhicules, ordinateurs et médicaments. De ce point de vue, le monde des affaires paraît plus sauvage que la plus sauvage des jungles. Pourtant, on constate que « copier » augmente les connaissances et améliore le processus de mise en marché des inventions en éliminant les objets sans avenir et en économisant temps, effort et argent. La copie est aussi importante que l'innovation, au moins si vous voulez grandir et faire un profit. La voie de l'imitation est noble et tout aussi méritante que le chemin épineux de l'innovation. Bien copier est un art.

> **La voie de l'imitation est noble et tout aussi méritante que le chemin épineux de l'innovation.**

Peu de hauts dirigeants admettent s'être inspirés des concurrents. Pourtant, on vient d'assister à une série d'unions mixtes qui disent la vérité. Les grandes lignes aériennes, qui ont toutes failli passer à la trappe, ont compris qu'il fallait se lier aux concurrents régionaux rentables et suivre leur modèle d'affaires : salaires inférieurs, vols courts vers des centres régionaux de vols longue distance, flotte de petits avions identiques, etc.

Les êtres humains, par nature, sont des imitateurs. Depuis la naissance, nous apprenons en singeant les sons, les gestes, les opinions et les coutumes : 350 ans avant Jésus-Christ, Aristote écrivait : « l'un des avantages de l'homme sur les animaux réside dans le fait qu'il est la créature la plus imitatrice du monde et apprend par imitation ».

RÉCEMMENT,

KEVIN LALAND et LUKE RENDELL

de l'Université de St. Andrews ont invité des chercheurs à participer à une simulation par ordinateur. Cent individus devaient essayer de survivre dans un environnement hostile. Le vainqueur s'est avéré être une pure machine à photocopier. Plutôt que de gaspiller du temps à déchiffrer l'environnement, il a imité ce que les autres faisaient en éliminant ce qui n'était pas efficace.

Copier n'est pas toujours la solution miracle. Ça peut être catastrophique. Les bulles de marché en sont la preuve. La nature humaine porte les gens à suivre leurs pairs même dans des voies sans issue. Dans une étude bien connue des années 1950, le psychologue Solomon Asch a démontré que les sujets donnaient une mauvaise réponse par imitation dans une épreuve extrêmement facile parce que les membres du groupe qui les avaient précédés l'avaient donnée !

DES AVANTAGES POUR L'ENTREPRISE COPIÉE

C'est extraordinaire, l'imitation : vous prenez ce qui marche et vous le portez à un palier supérieur. Ce qui amène l'entreprise copiée à s'améliorer ! Google Maps s'est beaucoup amélioré depuis qu'Apple Maps est sorti !

Être copié, c'est la preuve qu'on est bon ! Il y a une dizaine de copies de Facebook dans le monde. La plus remarquable est VKontakte, en Russie. Facebook n'était pas content, mais ce site russe fonctionne très bien : c'est formidable ! VKontakte a copié Facebook, parce que Facebook avait du succès. Mais Facebook, à son tour, imite la fonction mot-clic (mot-clé précédé du symbole #, appelé dièse) de Twitter, qui permet de faire des recherches par sujet. (En effet, ce système de recherche est une idée, et une idée n'est pas brevetable.) Burger King imite McDonald's : les suiveurs sont partout et ils réussissent, entraînant leur modèle vers de nouveaux sommets.

ANALYSTE ou ENTREPRENEUR?

Le test du frigo

C'est bientôt l'heure du souper. Vous êtes sur le point de préparer un repas. Que faites-vous ? Êtes-vous un analyste ou un entrepreneur ?

Il y a toute une différence entre la personnalité de l'analyste et celle de l'entrepreneur. J'adore parler du test du frigo, qui illustre si bien la différence entre les deux approches. L'analyste recherche dans un livre de recettes celle, déjà connue, qui lui apparaît la meilleure pour apprêter son mets préféré. L'entrepreneur ouvre le frigo, en examine le contenu : ah! polenta et sirop d'érable! Il va chercher sur Internet une idée de recette nouvelle qui unit ces ingrédients, considérés antagonistes, ou, mieux encore, il en improvise une. Sa faim et le contenu du réfrigérateur, à cet instant précis, représentent sa fenêtre d'opportunité. Moi, François Lambert, je passe le test du frigo comme entrepreneur. Il y a beaucoup de gens qui sont entre les deux, c'est-à-dire entre l'approche de l'analyste et celle de l'entrepreneur, mais ceux-là aussi en quelque sorte sont susceptibles de manquer la fenêtre d'opportunité.

Concrètement, l'analyste se promène avec son plan d'affaires comme il se promène avec son livre de recettes : il tient mordicus à vivre selon le plan, il suit sa recette à la lettre. Son plan d'affaires ne sera jamais assez beau pour lui. Il va le réécrire encore et encore. Pendant ce temps, l'entrepreneur

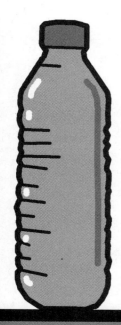

passe à l'action : c'est pourquoi je dis si souvent que c'est peu important, un plan d'affaires.

Il faut se connaître comme personne. Être entrepreneur, c'est être capable de prendre des décisions rapidement avec les éléments qu'on a sous la main. On n'a jamais tout ce qu'on voudrait avoir sous la main. Êtes-vous analyste ou entrepreneur ? C'est primordial de le savoir pour vous entourer de personnes qui viendront combler vos faiblesses. Je me répète sans hésiter : si dans le sport on travaille ses faiblesses pour devenir un athlète complet, en affaires on travaille ses forces et on s'entoure de gens qui comblent nos faiblesses.

Ce n'est pas parce que vous êtes analyste que vous n'allez pas réussir. Le test du frigo vous fait réfléchir sur la façon dont vous fonctionnez.

Partie 3

LES QUALITÉS DE L'ENTREPRENEUR

16

LA **PERSÉVÉRANCE** :
SURTOUT, NE PAS **LÂCHER**

Soit dit sans prétention, j'ai une qualité : je ne lâche pas et je suis intimement convaincu que rien n'arrive sans travail. C'est pourquoi la persévérance vient en tête des qualités qui me paraissent importantes pour un entrepreneur.

MA PERSÉVÉRANCE EST UNE LUTTE CONTRE MES POINTS FAIBLES

Je crois que je n'ai pas de talent naturel, mais je suis bon dans tout sans exceller en rien. Par contre, lorsque je travaille plus que ceux à qui tout vient facilement, je me hausse à leur niveau et je peux même les dépasser. En fait, je m'élève jusqu'à mon niveau d'incompétence, et je me sens satisfait à ce moment-là.

Lorsque j'étais jeune, mon sport favori était le volley-ball. Mais voilà, à cette époque, j'étais grand, mais maigre comme un clou, et je portais des lunettes. Selon les standards dominants, j'étais trop grand, trop fluet. Mes collègues, des armoires à glace, faisaient preuve de compassion. Bien sûr, pour garder leur confiance et rester dans l'équipe, je devais travailler sans relâche. La compétition est sans pitié : si vous ne faites pas bonne figure, vous êtes écarté.

Par ailleurs, j'ai un frère et une sœur qui sont des athlètes. Cette sœur fait du trapèze et de la corde dans un cirque. Mon frère participe à des courses de 5 kilomètres, de 10 kilomètres, à des marathons, même. Il a été un des meilleurs coureurs au Canada, récoltant une médaille d'or au 10 kilomètres des Jeux panaméricains juniors. Pour ma part, je suis le petit génie de la famille : il est difficile de m'en passer une vite.

L'ART D'UTILISER UN AUTRE SENS

Au début, au volley-ball, je frappais toujours à côté du ballon. Des tests ont démontré que j'ai un défaut de la vue : je ne vois pas la troisième dimension, c'est-à-dire la profondeur. Je dois donc me fier plus à mes autres sens, l'ouïe par exemple. Malgré ce petit handicap, j'ai appris à bien jouer parce que je jouais avec d'excellents coéquipiers et que j'ai développé ma capacité à identifier la distance du ballon par le son. Il me fallait aussi anticiper la vitesse de celui-ci. J'ai été capable de m'adapter au jeu de mes coéquipiers et ma détermination a convaincu l'entraîneur de m'admettre dans l'équipe et de m'y garder. J'ai donc joué au volley-ball au cégep, à l'université et dans une ligue senior.

LA PRATIQUE FAIT DE CHACUN UN CHAMPION

À la ferme, nous avions de petits moyens. Le jour, mon père était col bleu. Alors il me dressait des listes de choses à faire et je m'occupais de la ferme pendant les vacances. J'ai conduit un tracteur seul dès l'âge de 11 ans. Heureusement, j'aimais les activités de la ferme, ramasser les ballots de foin, faire des clôtures, labourer. Les heures de travail étaient interminables.

> **Quand je ne progresse pas, je sors courir et souvent je trouve la solution pendant ma course. Alors, je rentre pour terminer le travail.**

« François, debout ! Les Américains sont devenus riches en se levant de bonne heure. » Je n'avais pas le loisir de m'amuser, mais ça m'a appris à travailler. Je sentais toujours une pression parce qu'il y avait toujours quelque chose à faire. De mon père, j'ai appris à ne jamais abandonner.

Quand j'ai écrit le logiciel d'Aheeva, il était hors de question que je n'aille pas jusqu'au bout. La construction d'un logiciel peut nous faire tourner en rond. Il m'est déjà arrivé de travailler sur le même problème pendant 16 heures sans voir de solution possible. Quand je ne progresse pas, je sors courir et souvent je trouve la solution pendant ma course. Alors, je rentre pour terminer le travail.

Un autre exemple. Avant de me présenter aux auditions de la série *Dans l'œil du dragon*, j'ai étudié les versions étrangères pendant 250 heures. Je tenais absolument à convaincre le jury que j'étais le bon candidat.

Une fois, une seule, j'ai abandonné. C'était pendant la crise du verglas, je n'étais pas au Québec, j'étais allé courir le marathon de Houston. J'ai abandonné le marathon au 27e kilomètre. Je transpirais telle-ment que mes pieds baignaient dans l'eau accu-mulée dans mes chaussures: ma peau avait craqué,

Il faut avoir du plaisir à le faire.

mes souliers de course étaient devenus rouges tellement je saignais. Dans l'ambulance qui accueillait les blessés, j'ai pleuré comme un enfant. C'était la première fois que j'abandonnais ce que j'avais entrepris. L'ambulancier tentait de me consoler, car il pensait que je pleurais de douleur, mais je pleurais de frustration!

PERSÉVÉRANCE ET TRAVAIL

Quand on se lance en affaires, on est porté par l'euphorie et la naïveté. On croit que l'entreprise va rapidement décoller. Mais la réalité nous rattrape et on se rend compte que notre entreprise ne générera pas de profit avant plusieurs mois, voire des années. Ce n'est pas que l'idée porteuse n'est pas bonne, mais il faut l'améliorer, la peaufiner et, surtout, il faut avoir du plaisir à le faire. La persévérance demande de la concentration.

On persévère parce qu'on croit en son projet et parce qu'on espère une gratification. Le travail est intimement lié à la persévérance. Il faut donc aimer ce qu'on fait. Je suis incapable de faire des choses que je n'aime pas. C'était aussi vrai quand je n'avais pas d'argent. Quoique, lorsque j'étais étudiant, je faisais ce qui m'était demandé, mais je n'ai jamais cédé au mythe de l'argent rapide et facile. Il n'y a pas de ce genre de squelettes dans mon placard et mon passé est vierge d'événements compromettants.

Mon associé et moi avons connu ces trois mois d'euphorie après le lancement du centre d'appels Atelka. Mais au terme de cette période, nous avions grossi, il fallait gérer cette croissance et continuer de croire en notre projet. L'avantage du partenariat, c'est que, dans les moments de doute, il y a toujours un partenaire qui continue de croire, qui veut avancer, repousser les limites. Pour persévérer, il ne faut pas connaître trop d'échecs et le partenariat est un précieux adjuvant dans les cahots. C'est comme deux voleurs qui tentent de se rendre jusqu'à la chambre forte d'une banque. Le premier se fatigue de piocher et s'arrête. L'autre continue et tombe sur le magot.

Cela étant dit, il ne faut pas confondre persévérance et acharnement. Quand on persévère, on progresse. Quand on s'acharne, c'est qu'on ne progresse plus ou qu'on recule. Prenons un exemple: si le futur et le présent de la mise en mémoire de nos données passent par l'abonnement à un service d'informatique en nuage, une entreprise spécialisée dans la sauvegarde traditionnelle qui ne se mettrait pas à offrir le service en nuage perdrait des clients. En continuant dans la voie classique, elle ne persévère pas, elle s'acharne. Elle va dépenser en marketing pour garder ses clients, au lieu de développer une technologie qui la positionnerait à l'avant-garde.

ESSAIS, ERREURS ET PERFECTIONNEMENT

On peut penser qu'on lance une entreprise pour faire de l'argent. Mais l'argent ne doit pas être l'objectif principal. Mon objectif était de créer le meilleur logiciel du monde. Faire de l'argent serait le fruit de mon labeur.

La persévérance exige qu'on laisse de côté son orgueil et son émotivité. Il ne faut pas se laisser atteindre par un premier refus, ni un second, ni les suivants. Mon expérience en centre de télémarketing me l'a appris.

6 ASPECTS

de la persévérance à considérer

→ Accepter que l'échec vous fasse évoluer.

→ Avancer étape par étape vers votre objectif et ne pas abandonner à la première difficulté.

→ Savoir tolérer des conditions difficiles pour une période indéterminée.

→ Foncer est la seule façon de savoir si vous pouvez tolérer des conditions difficiles.

→ Personne ne fait un plan d'affaires, ne le développe et ne le met en action tel que prévu : c'est pourquoi il est si important d'être persévérant.

→ Seulement ceux qui n'abandonnent jamais connaissent le succès.

Vendre un abonnement à un journal, convaincre quelqu'un de souscrire une police d'assurance est chaque fois difficile, donc c'est l'exception.

En fait, l'échec fait évoluer et amène à un perfectionnement de soi et du produit. Peu à peu, on acquiert la capacité de tolérer l'adversité. Au lancement d'Atelka (le centre d'appels), nous avons connu notre lot de problèmes. Sans la conviction que nous allions les surmonter un à un, nous aurions lâché.

Et puis je tiens compte des échecs et des réussites. Trop d'échecs entraînent une perte de confiance en soi, mais trop de facilité rend arrogant.

Si la persévérance est importante, le plan d'affaires l'est tout autant. Mais le plan d'affaires, c'est un peu de l'alchimie. On l'exécute, mais le résultat peut être tout autre que ce qui était prévu. Le plan d'affaires est une boussole, il indique une direction, mais le hasard se mêle de brasser les cartes. On pensait vendre 100 articles et on en vend 4 000... ou bien un seul.

> **Trop d'échecs entraînent une perte de confiance en soi, mais trop de facilité rend arrogant.**

Je crois en la somme de travail que s'imposent les athlètes olympiques, elle s'applique à l'entrepreneuriat : c'est 10 000 heures de travail sur 10 ans ! Les Anglais disent : *10 000 hours over a period of 10 years will make you look like an overnight success* (Il vous faudra travailler 10 000 heures sur une période de 10 ans pour sembler réussir du jour au lendemain - traduction libre).

Lancer une entreprise ressemble à un marathon. Au départ, on est porté à penser aux 42 kilomètres à parcourir. Alors, pour ne pas perdre espoir, le marathonien divise sa course en segments de 5 kilomètres, puis de 1 kilomètre, et il complète son parcours étape par étape. Il persévère.

17

LES 3 CLÉS POUR RÉUSSIR EN AFFAIRES

Réussir, c'est inventer une nouvelle recette dont les trois ingrédients importants restent les mêmes :

1. une idée brillante ;

2. un plan bien pensé et bien exécuté ;

3. le capital : beaucoup d'argent au moment opportun.

Je vais illustrer mes propos en utilisant l'exemple d'UNDZ, une société dans laquelle je viens d'investir.

1 UNE IDÉE BRILLANTE

Même si je dis ailleurs dans ce livre qu'on n'a pas besoin de brevet avant de lancer un nouveau produit et qu'il vaut mieux passer à l'action que de prendre des années à déposer un brevet, je ne peux m'empêcher de penser parfois qu'une très bonne idée mériterait un brevet. Qu'est-ce que c'est qu'une bonne idée ? C'est une conception ou un concept différents de tout ce à quoi la concurrence a déjà pensé. Ça peut être un nouveau produit, une version révolutionnaire d'un produit existant ou une version dont les fonctions comblent de nouveaux besoins.

Ainsi, en pharmaceutique, la vitamine A, dont on connaissait les propriétés curatives pour l'acné et la leucémie, s'est révélée exceptionnelle contre l'emphysème pulmonaire et la fibrose kystique. C'est aussi la particularité du savon Ivory, qui flotte, contrairement aux autres savons, et qu'on n'a pas besoin de chercher à tâtons au fond de la baignoire. Dans ce dernier cas, c'est une erreur de fabrication qui a mené à cette découverte et l'entreprise a décidé de breveter le procédé de fabrication.

Revenons à mon acquisition récente : les sous-vêtements UNDZ pour les 16 à 30 ans. Je suis maintenant partenaire, avec les fondateurs, de cette société de sous-vêtements pour hommes et pour femmes.

Un des fondateurs a connu son chemin de Damas pendant une séance de magasinage avec sa blonde. Il s'est aperçu que les petites culottes pour femmes étaient offertes dans des barils sur lesquels on avait indiqué le prix, 10 $, mais que cette approche originale n'existait pas pour les hommes. Non seulement le choix était-il plus restreint, mais les prix étaient plus élevés. Inspiré par cette approche, il a mis ses caleçons pour hommes dans un présentoir qui attire l'attention par son excentricité : un congélateur, installé près des caisses, notamment dans les magasins de sport.

Ses sous-vêtements sont différents des autres par leur bas prix, leur qualité (ils supportent 60 lavages sans perdre leur aspect ni leur tenue d'origine) et, bien sûr, par la présentation qui réinvente la façon dont les sous-vêtements pour hommes sont mis en marché.

2 UN PLAN BIEN PENSÉ ET BIEN EXÉCUTÉ

UNDZ a un plan d'exécution prometteur. Son site Web est dynamique et l'entreprise est présente partout. La clientèle cible, ce sont les 16 à 30 ans, ceux dont le caleçon dépasse du pantalon et qui font de la planche : une cible funky. Le plan de marketing est à l'image du présentoir : il prévoit qu'à l'achat de cinq caleçons, UNDZ fournira une police d'assurance pénis. Oui, vous avez bien lu : sachez que trois Canadiens par an perdent leur pénis de façon accidentelle. La police d'assurance est nulle en cas de perte volontaire, c'est-à-dire si vous coupez l'organe de plein gré ou si vous laissez une autre personne le faire ! Tout dans le produit UNDZ est éclaté, rebelle, *out of this world*... et ça marche.

3 LE CAPITAL : BEAUCOUP D'ARGENT AU MOMENT OPPORTUN

UNDZ avait une réserve de bonnes idées, un excellent plan d'exécution, mais pas le capital requis pour mettre ce petit trésor au travail. C'est là où je suis intervenu avec Impulse Capital. L'argent que j'injecte dans la boîte permet d'assurer cinq mois d'inventaire – le temps qui s'écoule entre la commande au fabricant et le paiement des produits par les points de vente au détail. Sans cet argent, UNDZ ne pourrait assurer des approvisionnements réguliers et serait exclue du marché en un clin d'œil. On ne peut se permettre de laisser des présentoirs vides, surtout quand les ventes sont exponentielles.

UN RÉSULTAT PERCUTANT

Avec sa combinaison gagnante : idée brillante + plan bien pensé et bien exécuté + capital, la jeune entreprise UNDZ profite au maximum de la fenêtre d'opportunité qui se présente à elle. Elle a maintenant 700 points de vente au Canada et lorgne du côté des États-Unis et de l'Australie. Elle va certainement incommoder les plus grands joueurs, qui voudront éventuellement l'imiter ou l'acheter. Vous le savez, je ne suis pas de ceux qui tombent amoureux d'une entreprise et se contentent de se verser des dividendes. Je suis partisan de la vente d'une bonne idée, de l'entreprise en croissance, pendant qu'elle présente un bilan reluisant.

UN COUP DE CŒUR D'ENTREPRENEUR

Et puis UNDZ m'allume! C'est le type d'entrepreneuriat que j'aime. Les bureaux ne sont pas riches ou tape-à-l'œil. De beaux bureaux au beau design, ça ne rapporte rien, c'est un miroir aux alouettes, c'est-à-dire que c'est de l'argent lancé par les fenêtres. J'ai été impressionné de ne pas être impressionné par la beauté des locaux. Les gens d'UNDZ n'avaient pas comme priorité de décorer leurs bureaux ni de se servir un salaire avec l'investissement, ils voulaient développer l'entreprise et progresser. J'ai déjà été en pourparlers avec une entreprise qui avait un bon produit, un bon plan d'exécution, mais qui voulait mon argent pour se payer des salaires au lieu de le faire servir aux approvisionnements. Vous connaissez la suite, puisque vous connaissez maintenant mes principes : ça n'a pas abouti !

Votre entreprise vaut autant que la dernière offre que vous avez sur la table.

À titre d'investisseur, je reçois des suggestions de bonnes idées tous les jours, des montagnes de bonnes idées. Quand je suis séduit et que j'injecte des fonds, il faut répartir les actifs entre l'idéateur et moi, l'investisseur : le reste est une histoire de couple marié. La meilleure union comprend un partage 50-50: d'une part l'idée et l'exécution et d'autre part l'argent et le réseau de relations d'affaires. Les uns valent les autres, car c'est avec l'argent qu'on fait de l'argent.

Une idée ne porte pas d'étiquette, de prix, parce qu'une entreprise vaut autant, mais jamais plus, que le bilan de son dernier trimestre ou que ce qu'un acheteur potentiel est prêt à payer. À l'émission *Dans l'œil du dragon*, à celui ou celle qui me dit: «Mon entreprise vaut 2 millions de dollars», je réponds: «Votre entreprise vaut ce que je viens de vous offrir». Ça me fait passer pour un requin, mais, honnêtement, c'est à mes yeux ce que vaut cette entreprise et ce que le marché est prêt à payer. Et à cet instant précis, le marché, c'est moi!

18

PERFORMER COMME UN ATHLÈTE SANS EN ÊTRE UN

Chez l'athlète de haut niveau, la maîtrise parfaite de chaque geste crée la performance. En observant le milieu du sport de l'intérieur, j'ai compris l'importance déterminante du management, bien que certains aspects éloignent ces deux disciplines : l'entreprise gère un collectif alors que l'athlète est singulier. Mais l'une et l'autre sont tournés vers le futur, tout en tenant compte du passé.

Contrairement à l'athlète, qui peut ne jamais monter sur le podium, l'or au cou, et éprouver de grandes satisfactions dans son sport, l'entrepreneur doit être en tête du peloton pour réussir. Je m'explique : décrocher un contrat, c'est comme gagner une médaille d'or, alors que terminer deuxième veut dire ne pas obtenir le contrat, et donc en quelque sorte échouer.

Que l'on soit d'accord ou non avec ses positions durant ses mandats de premier ministre, on peut reconnaître en Pierre Elliott Trudeau un être flamboyant, intelligent et rusé. Toutefois, on ignore souvent que l'une des sources de sa vitalité et de son endurance était le sport. Enfant, il pratiquait la gymnastique, la crosse et le hockey. Étudiant, il a traversé la Chine à vélo. Premier ministre, il avait encore une très bonne réputation de nageur, de plongeur, de canoteur et de judoka.

LE SPORT ET LES AFFAIRES

Lorsqu'on lance une entreprise, on travaille comme un fou. Il faut y consacrer beaucoup de temps. Pas cinq heures, pas sept heures, mais souvent seize heures par jour. Lorsque Georges et moi gérions nos deux sociétés, nous étions les premiers arrivés et souvent les derniers partis. Notre passion et notre envie de gagner sur tous les plans nous motivaient à agir ainsi. Pourquoi quelqu'un va-t-il prendre des risques et s'astreindre à un mode de vie que d'autres fuient ? Parce qu'il est animé d'une passion. L'entrepreneur qui ne vise pas les ligues majeures ne développera sans doute pas une entreprise de taille. Tout tient à un rêve, à un objectif qui nous obsède, jour et nuit.

Pour réussir à passer autant d'heures au travail, il faut être en forme. Je fais une activité physique le matin, pour être sûr de ne pas sauter mon entraînement à cause d'une réunion imprévue en cours de journée. Et si j'ai le temps d'en faire aussi le soir, tant mieux !

Mais sport et affaires, c'est comme alcool et volant. La pondération est de mise. On ne peut pas être à la fois un champion de l'Ironman et détenir un poste clé dans une entreprise, parce que ce sont deux occupations concurrentes. Inévitablement, l'une avale l'autre. Un de mes amis, vice-président il y a encore peu de temps, et qui s'entraînait fort pour ce type de compétition, vient de l'apprendre à ses dépens : ça lui a coûté son poste.

L'entrepreneur peut et doit faire du sport, mais pas de haut niveau. Dès que le sport prend trop de place, le cerveau se préoccupe davantage des entraînements, des repas à heures fixes, des performances et néglige la qualité du travail.

Un des candidats qui s'étaient présentés à une émission *Dans l'œil du dragon* m'a dit un jour qu'il ne pouvait pas discuter avec moi ni travailler sur son offre dont le dépôt était prévu quatre jours plus tard parce qu'il venait de s'entraîner, qu'il se sentait fatigué et devait passer le week-end à se détendre. Je lui ai répondu que je me retirais de son projet. Oui, il est important d'être en très grande forme, mais réussir en affaires demande une passion pour son projet. Et cette passion doit surpasser celle pour le sport.

En affaires, tout est question de combativité, parce que le marché est concurrentiel. On doit être imaginatif, réagir rapidement et prouver chaque jour sa valeur. Ce même besoin de se surpasser, on le retrouve dans le sport, par conséquent le sport convient au caractère de l'entrepreneur. D'ailleurs, la plupart des PDG que je connais sont en forme : ils font du sport.

LE GOLF POURRAIT ÊTRE REMPLACÉ PAR LE VÉLO

En Amérique du Nord, un grand nombre de gens d'affaires traitent des affaires au golf. Le golf est une activité sociale. On invite un client ou un fournisseur, on discute entre les coups et on conclut au 18e trou. Je pourrais dire au 19e trou. Ces liens d'affaires extra-muros sont capitaux. Le golf ne permet pas de garder la forme, mais il sert à tisser des liens.

Toutefois, le vélo est en passe de devenir le nouveau golf. À présent, dans la plupart des tournois de golf auxquels je participe, on propose deux activités. Un groupe joue au golf et un autre part à vélo. On se réunit à nouveau le soir pour un gala-bénéfice au profit de l'organisme caritatif organisateur. C'est un phénomène tout nouveau.

Ceux qui PERFORMENT le mieux on un OBJECTIF ambitieux, que ce soit en sport ou en entrepreneuriat.

L'athlète olympique détruit tout sur son passage, au sens figuré bien sûr. Il n'a pas beaucoup d'amis. Il ne prend pas le temps de socialiser. Il est égocentrique. Il se concentre sur sa nutrition, son énergie et sa performance.

Pour l'entrepreneur, c'est la même chose : tout est centré sur son entreprise.

19

LA NÉCESSAIRE
TRANSPARENCE
DANS LE **PARTENARIAT**
ET EN **AFFAIRES**

L es règles de l'art pour qu'un partenariat d'affaires dure longtemps sont la connaissance de soi, celle de l'autre et celle de l'environnement. Ce miniréseau doit partager une vision claire des objectifs à atteindre. Les entrepreneurs à succès recherchent la complémentarité des compétences ainsi que la compatibilité des styles et des valeurs dans la personne avec laquelle ils partageront les bénéfices, les risques, les problèmes et les solutions.

L'entreprise, son personnel, ses clients, ses fournisseurs et même ses concurrents constituent un ensemble en constante évolution. Une démarche de partenariat réussie commence par une réflexion sur les liens entre les acteurs dans ce climat évolutif. Les échanges et les relations sont la base de tout. Tous les bons partenaires comprennent le fonctionnement, l'intensité et la qualité de ces liens. Les bonnes pratiques de partenariat et le partage des contributions intellectuelles et financières permettent de progresser ensemble, plutôt que seuls.

D'après mes observations, les individus sont ce qu'ils sont et ils ne changent pas fondamentalement du jour au lendemain. Construire un partenariat signifie passer du rôle hiérarchique supérieur à celui d'égal. L'influence et l'autorité trouvent alors une source dans la communication franche, la compétence et les capacités plutôt que dans le titre du poste détenu.

Le partenariat est une approche de gestion réfléchie. Au-delà de la concertation et des consensus, il implique une complicité de tous les instants entre deux ou plusieurs personnes aux ressources et compétences complémentaires et essentielles à l'atteinte des résultats.

À mon avis, la transparence est *LA* qualité essentielle pour maintenir un partenariat sain et porteur de réussite. Une fois, j'ai manqué de transparence envers Georges, il en a été déçu. Je ne lui ai parlé de mes auditions pour l'émission *Dans l'œil du dragon* qu'au bout de trois mois. Il ne s'agissait plus de travail, mais d'amitié. Tout de même, ça nous a secoués tous les deux, pendant plusieurs jours. Alors, imaginez le manque de transparence entre partenaires dans une entreprise. Et la transparence engendre la confiance : par exemple, si je dois 963 $ à Georges, je lui rends 963 $, il n'a pas à aller vérifier dans ses livres.

Dans le partenariat, il faut de la transparence, il faut mettre son ego de côté et réfléchir aux priorités. Il faut enfin savoir lâcher prise, mais juste ce qu'il faut, si l'on veut être un bon partenaire.

UN EXEMPLE DE TRANSPARENCE NÉCESSAIRE

Depuis trois mois, j'essaie de conclure une entente avec une entreprise, mais je sens que la direction me cache certaines choses. Cette entreprise a un mentor, Xavier*, à qui je demande : « Pourquoi est-ce que tu n'investis

---

* Prénom fictif.

pas ? » Et je demande aussi aux partenaires pourquoi Xavier n'investit pas. Infailliblement, la réponse est : « Il est là pour nous aider. »

Nous sommes à la veille de l'ultime réunion. Le lendemain, on doit conclure une entente ou aller chacun son chemin. En après-midi, je reçois un courriel m'apprenant que Xavier reçoit un salaire de 50 000 $. Il est en fait un employé.

Dans la foulée, on m'a aussi présenté un autre investisseur. En fin de négociation, celui-ci annonce qu'il est prêt à injecter 50 000 $, mais à condition d'obtenir un contrat exclusif de distribution, alors que l'entreprise a déjà un distributeur.

Donc, au dernier moment, j'apprends que le mentor n'est qu'un employé travesti et que l'investisseur veut imposer son réseau de distribution, alors qu'il ne possède que 5 % des parts de l'entreprise. L'investisseur et les entrepreneurs ne sont pas transparents.

Mon lien de confiance se brise. Si j'avais su plus tôt, j'aurais accepté ou négocié, de bonne foi, une entente mutuellement satisfaisante avec le second investisseur. C'en est trop. Il n'y aura pas d'entente. Qu'y avait-il de si mystérieux dans ces faits pour qu'on me les cache, à moi, un partenaire potentiel de premier plan ? Je n'investirai jamais si j'ai un doute sur la franchise et l'honnêteté de mes associés. Que va-t-il arriver s'ils ratent une vente importante ? Ils vont aussi me le cacher ?

En quelques heures, une entente intéressante pour tout le monde s'est transformée en un désastre général. Si je voulais pardonner et conclure l'affaire, j'exigerais la mise à l'écart de l'autre investisseur. Toutefois, dans les qualités que je recherche chez un partenaire, la transparence est primordiale et non négociable. À défaut, je deviens intraitable et je me retire immédiatement.

20

LA **CONFIANCE** EN **SOI**

En tant que dirigeant, idéateur et entrepreneur, il faut que vous ayez foi en vous. C'est indispensable. Vous êtes le bâtisseur de l'entreprise, vous êtes seul au sommet. Celui ou celle qui a absolument besoin de renforcement et de compliments pour agir et prendre des décisions éclairées n'est pas à sa place à la tête d'une entreprise. Cependant, l'entrepreneur est humain et l'encouragement ponctuel lui est nécessaire. Or, il en reçoit, mais sous une forme déguisée, soit par le biais des commandes de son produit. Ce vote de confiance, c'est de l'encouragement, la récompense suprême de l'entrepreneur. L'amour, en entrepreneuriat, se traduit par la conquête de nouveaux clients, le maintien de leur confiance et l'obtention de nouveaux contrats. Vous devez avoir confiance en vous, parce que vous ne recevrez pas directement de *feedback* positif.

Une des raisons pour lesquelles les employés restent au sein d'une entreprise, mis à part le salaire, les conditions de travail, les avantages sociaux et l'intérêt du travail lui-même, c'est qu'ils aiment la personne avec laquelle ils travaillent, celle qui les stimule et les encourage. Par contre, le patron n'a pas droit généralement à ces preuves de sympathie, parce qu'il n'est pas habituel d'en démontrer à quelqu'un qui décide de l'avancement, de la rétrogradation ou de la mise à pied du personnel. Le besoin de hiérarchie décisionnelle de l'entreprise crée un fossé et entraîne des comportements entre employé et employeur qui bannissent les mouvements de sympathie du bas vers le haut.

En 15 ans, jamais un seul employé ne m'a dit : « François, tu fais une belle job ! » Par contre, les employés restaient dans l'entreprise et je sentais bien que ma personnalité y était pour quelque chose. Le faible taux de roulement et les contrats renouvelés des clients ont constitué la preuve dont j'avais besoin pour sentir que je faisais un bon boulot.

Votre projet d'entreprise ressemble à de gigantesques montagnes russes... sans fin. Si vous vous sentez inquiet, ne montez pas dans le wagon : vous allez mourir de peur ! En revanche, si vous avez confiance en votre projet et en vos capacités de le mener à bien, l'expérience va vous combler de joie et vous allez en redemander. N'oubliez pas que vos clients ressentent aussi votre conviction et votre enthousiasme, et ça les incite à vous accorder encore plus de contrats.

21

MESURER ET SE MESURER

J' ai déjà évoqué cette histoire : avant de partir travailler et de me confier la gestion de la ferme, mon père dressait une liste de choses à faire. En rentrant, il cochait ce qui avait été accompli. Ça lui permettait de mesurer ma productivité.

Les entreprises établissent des plans et des budgets pour les mêmes raisons. Dans leur cas, en plus des choses à faire, il y a les objectifs à atteindre. En fin de compte, les résultats financiers démontrent si oui ou non l'entreprise avance dans la bonne direction. Car, malgré un nombre élevé de commandes et du travail sans arrêt, lorsque la productivité est insuffisante, voire nulle, les profits sont minces, ou pire, inexistants.

C'est important pour moi de mesurer, parce que c'est la façon de savoir où on en est, ou si on progresse. Dans notre famille, mon frère et moi

> Mon père cochait ce qui avait été accompli. Ça lui permettait de mesurer ma productivité.

avons la manie de la mesure. Mon frère rentrait du bois une fin de semaine et il a compté chaque bûche : 1098 en tout. Mon frère mesure et compte parce qu'il est un athlète. Moi aussi je compte... et je suis devenu un homme d'affaires important au Québec.

J'ai conservé l'habitude de dresser des listes. Chaque jour, j'écris ce que je veux accomplir. Je commence toujours par les taches les plus longues et les plus complexes et je garde les tâches faciles pour la fin de l'après-midi.

QUOI ET COMMENT COMPTER

Les athlètes font de même. Ils ont un journal dans lequel ils notent les détails de leur entraînement et de ce qu'ils mangent. Lorsque je pars à vélo, j'utilise l'application Strava. Sur le circuit Gilles-Villeneuve, par exemple, l'application me permet de mesurer ma performance du jour et de la comparer à mes performances passées ou à celles des autres cyclistes qui l'ont utilisée.

Chez Atelka, nous étions des as de la mesure. Nous mesurions tout, constamment.

Dans les centres d'appels, un des moyens d'évaluation de la performance est l'absentéisme, qui peut constituer un handicap sérieux. Lorsque le comptable me demandait : « Comment ça va, l'absentéisme ? », je ne pouvais pas répondre : « Ça va bien », parce que c'est trop imprécis. La meilleure façon d'exprimer la mesure, mon comptable l'énonçait ainsi : « Combien bien ? » Il faut pouvoir tout chiffrer. Par contre, « 5 % le matin » voulait dire que ça ne va pas trop mal. Mais « 15 % l'après-midi », c'était trop. Il fallait donc réagir en fonction du quart du soir et trouver une solution. Chez Atelka, nous étions des as de la mesure. Nous mesurions tout, constamment.

Dans un logiciel, le nombre de lignes de code est un résultat vérifiable et fiable. À la livraison, le nombre de bogues est une mesure permettant d'évaluer la précision des ingénieurs responsables des essais. S'il y a des bogues, c'est que l'outil de test n'est pas au point.

Il faut aussi participer à des concours. Le nombre de récompenses et de titres est une forme de mesure de la performance. En cela, la compétition est saine, car elle permet de s'autoévaluer.

LE *CEO ENDURANCE TRIATHLON*: S'ADAPTER AUX NOUVELLES RÉALITÉS

Un nageur spécialiste du 100 mètres passe 15 ans à s'entraîner. Puis vient le grand jour où il s'accorde moins de 47 secondes pour démontrer, à lui-même et au monde, qu'il est le meilleur.

En 2012, j'ai participé à la compétition du *CEO Endurance Triathlon/ Who Is the World's Fittest CEO* (triathlon d'endurance des chefs d'entreprise: quel PDG est le meilleur du monde en endurance). Il s'agit d'une compétition de trois jours comprenant cyclisme, natation et course d'obstacles. Les conditions d'admissibilité sont d'être à la tête d'une entreprise dont le chiffre d'affaires est supérieur à 10 millions de dollars et, bien entendu, d'être en très grande forme.

Je suis bon à la natation et à la course, mais je suis un cycliste moyen. J'ai quitté Montréal en me disant: « Je vais gagner. » L'âge des 17 concurrents variait entre trente-cinq et soixante-et-un ans.

Bien sûr, tous les concurrents voulaient gagner, mais sept se démarquaient, dont moi. Le premier soir, j'étais 3e au classement. Le lendemain matin, quand j'ai vu mes opposants se détacher, mon objectif est devenu celui de terminer parmi les quatre meilleurs. Au classement du soir, j'étais 7e, mais j'avais mal géré ma course. Juste avant le fil d'arrivée, j'avais accéléré pour rattraper le coureur en 5e place. Une meilleure stratégie aurait été d'accepter de finir 6e. Cet effort ultime m'a épuisé physiquement et handicapé pour les trois épreuves suivantes, une mauvaise stratégie qui m'a coûté des places. J'ai modifié mon objectif chaque jour. Donc le deuxième soir, mon objectif était devenu de garder ma 7e place, ce que j'ai fait. Le grand gagnant est une véritable machine de cinquante-trois ans : Dan King, de ReadyTalk.

La leçon à tirer est celle-ci : j'ai d'abord l'objectif naïf et prétentieux de rentrer avec le titre de champion alors que je ne sais pas qui sera en compétition avec moi. Après une seule journée, je comprends que je ne remporterai pas le titre. Dan King et le numéro 2 dominent nettement. Je revois alors mon objectif pour un second, plus réaliste, terminer parmi les 4 premiers, mais je commets une erreur de stratégie pendant la course et je m'épuise. Au terme de la deuxième journée, je modifie à nouveau mon objectif – je l'adapte à la situation : terminer parmi les sept premiers. Le troisième jour, je me suis concentré pour protéger ma 7e place et j'ai réussi.

L'objectif doit être

RÉALISTE.

Être le meilleur dans n'importe quoi, c'est toujours difficile, voire impossible.

TERMINER PARMI LES MEILLEURS,

s'adapter aux nouvelles circonstances et ne pas s'arrêter avant la fin est un exploit en soi.

22

LE **LEADERSHIP** : VOIR **LOIN, AGIR** ET **FAIRE AGIR**

O n définit souvent le leadership comme une influence exercée par un individu sur un groupe. Selon moi, cette définition est incomplète et réductrice. Car à la différence du gestionnaire qui gère les choses et les événements (équipe de travailleurs, problèmes, méthode, calendrier), un leader inspire et guide les hommes dans leur ensemble, dans le respect de leur individualité.

En entreprise, le leadership se manifeste par une capacité à rassembler et à mobiliser un grand nombre d'individus autour d'une action collective et dans un but commun.

Le Mahatma Gandhi, Charles de Gaulle, Lawrence d'Arabie, Richard Branson, Steve Jobs, l'abbé Pierre et Louis Armstrong ont tous fait preuve d'un leadership exceptionnel et ont su communiquer aux gens leur vision et leur rêve.

Pour le psychologue américain Robert Sternberg, le leadership et la créativité sont intimement liés. D'une part, la créativité est une forme de leadership et, d'autre part, l'une des trois composantes du leadership est justement la créativité. Dans cette hypothèse, le leadership, selon moi, équivaut à l'addition charisme + gestion + créativité. Ce n'est pas donné à tout le monde. Certains possèdent les qualités, mais refusent le rôle. D'autres souhaitent ardemment jouer ce rôle de premier plan, mais n'arrivent pas à fédérer leurs collègues et à remporter leur adhésion.

J'aimerais faire ici quelques parallèles entre le leadership, l'entrepreneuriat et la sphère politique. Justin Trudeau a remporté la course à la chefferie du Parti libéral du Canada. Est-il un vrai leader ou projette-t-il simplement l'image d'un leader ? Ses partisans sont convaincus qu'il va faire progresser le pays et qu'il a hérité de son père l'étoffe de ceux qui font avancer les choses. Est-ce suffisant pour faire de lui un grand homme ? Seul l'avenir nous le dira : les grands hommes sont reconnus, en effet, à leurs réalisations. On sait l'écart, parfois nécessaire ou pas, qui existe entre l'image qu'entretient la population du pouvoir politique et la réalité.

ÊTRE PROCHE DE SES EMPLOYÉS

Au temps d'Aheeva, surtout en période de démarrage, Georges et moi passions des heures et des heures avec les employés : nous les motivions et nous nous sentions complices, lancés dans la même aventure. Autrement dit, nous étions très proches de nos employés.

Avec le lancement d'Atelka, en raison de nos nouvelles responsabilités et préoccupations, Georges et moi avons dû prendre nos distances avec ce groupe, nous n'étions plus aussi souvent avec eux et la dynamique a changé. Le temps de la construction de cette chose qui nous dépassait tous était révolu. Les employés sont partis les uns après les autres. Ils avaient formé une équipe avec nous, sans nous ils n'en étaient plus une. La proximité n'est pas nécessaire pour retenir les employés, mais puisque nous avions créé cette proximité en participant activement à leur quotidien, notre éloignement est devenu démotivant pour eux.

L'ENTREPRENEUR ET LE LEADER

Le leader doit être crédible et détenir, au moins en apparence, des compétences supérieures. Moi, François Lambert, je peux être un bon entrepreneur sur une ferme, en technologies de l'information ou pour fournir des services : ce sont les domaines dans lesquels je suis fort. Je serais peut-être capable de gérer une entreprise pharmaceutique, mais il me manquerait la crédibilité pour en devenir le leader. Je connais les autos parce que je conduis, mais serais-je le meilleur dirigeant pour General Motors ? J'en doute. Lorsqu'on n'a pas les compétences, de manière objective, il est plus difficile d'avoir de la crédibilité.

Steve Jobs était le leader et le gourou d'Apple. Heureusement pour lui et pour son entreprise, il voyait loin et grand, malgré sa personnalité pas toujours agréable. C'était un leader visionnaire, plus qu'un meneur, il savait transmettre et faire partager sa vision, ce qui avait un effet d'entraînement sur son personnel.

MON STYLE DE LEADERSHIP

Je suis strict, très strict, voire dur, et directif, mais juste. Et je suis très direct, comme je le montre à l'émission. En tant que leader, je prêche par l'exemple. Et puis je déteste les béni-oui-oui (les *yes-men*) : je ne vois rien de positif à ce que des gens aient peur de moi. Quant au défi et à la critique intelligente, je les accepte, je les apprécie même, mais ils doivent rester dans le cadre de la culture de l'entreprise et être constructifs.

Je suis un leader de plancher, je ne reste pas dans ma tour d'ivoire ! Dans les centres d'appels, j'écoutais les agents et j'allais leur faire des commentaires constructifs (exprimés en termes directs) ou des éloges. Je disais à tous les superviseurs : « Allez sur le plancher, écoutez vos employés et parlez-leur. »

Un autre de mes traits de caractère est la ponctualité. À mes yeux, elle est capitale. Un exemple ? Nous avions convoqué une réunion annuelle des directeurs et des vice-présidents régionaux d'Atelka à l'hôtel W Montréal. Le début de cette rencontre était prévu à 16 h. Pour moi, il n'y a rien de plus important que d'être ponctuel, pour ne rien manquer de ce qui est à l'ordre du jour et aussi parce que c'est une question de respect. Or, 10 cadres sur une cinquantaine sont arrivés en retard. Exaspéré, je me suis levé et je leur ai dit de retourner au bureau. Ils n'ont pas eu de réunion ni de party !

Il ne faut pas se croire supérieur au milieu dans lequel on travaille, autant comme entrepreneur que comme individu. On n'écrase pas les autres pour se montrer meilleur. On n'a pas droit aux caprices de diva. Et puis, à titre d'entrepreneur, on doit accepter le cadre de travail qu'on impose à son personnel. Même un entrepreneur vedette est obligé de se fondre dans la culture d'entreprise qu'il a créée, par exemple de respecter les personnes à son emploi, de n'avoir qu'une parole, d'être ponctuel et de se donner à 100 %.

Apprendre à déléguer, pour moi, reste un art à cultiver. Je n'ai jamais trouvé personne aussi efficace que moi en opérations. Je connaissais par cœur les statistiques de mes 1500 agents. Mais personne n'a le don d'ubiquité pour veiller au grain vingt-quatre heures sur vingt-quatre. Il faut donc apprendre à déléguer, à accepter les différences de style d'autrui, sinon votre entreprise ne peut pas grandir, car vous ne pouvez pas tout contrôler ni tout faire. Il reste qu'on est parfois tenté de passer par-dessus la tête de notre délégué. Ça m'est arrivé. Avec le recul, je ne m'explique pas pourquoi la personne ainsi « trahie » n'a pas osé me dire : « J'avais un plan et un objectif, tu les as bousillés. »

Je ne suis qu'un homme, après tout, et je n'ai pas toujours été parfait. Par exemple, un employé était très distrait. Un jour, il a fait une énorme bévue. J'étais à faire une présentation à une importante entreprise. J'avais expressément demandé qu'on ne procède à aucun transfert de fichiers pendant ma présentation. Il a fait sauter la bande passante. Je l'ai traité de tous les noms d'oiseaux. Je m'en repens. Ce n'est pas la façon de traiter son prochain.

2 exemples de leadership sans expérience

Un PDG impose naturellement le respect, il a du leadership, un bagage impressionnant de connaissances en gestion, il sait faire jouer ses relations professionnelles et faire travailler ses gens. Il est préférable qu'il ait travaillé dans le domaine où il dirige une entreprise, mais il y a des exceptions : Mark Zuckerberg, le PDG de Facebook, n'avait aucune expérience de gestion lorsqu'il a démarré son site étudiant de médias sociaux. Et pourtant, en moins de 10 ans il a bâti un empire qui est aujourd'hui évalué à 120 milliards de dollars.

Selon la fondation City Mayors de Londres, le maire Labeaume, à Québec, est le quatrième maire le plus aimé dans le monde. Il n'avait aucune expérience de l'administration publique avant son entrée en politique municipale. Mais il est un homme aussi convaincant que convaincu et capable d'autodérision. C'est un leader. Il prend des décisions et il en assume les conséquences. Il a été reconduit à la mairie par une énorme majorité de ses concitoyens. Il m'inspire le respect.

23

LE **TALENT** ET LES **RÉSULTATS** : LE TALENT EST SOUVENT **SURÉVALUÉ**

P erte de temps et d'argent, désorganisation, projets qui font du sur-place... Lorsqu'une entreprise commet une erreur de recrutement, particulièrement pour un poste de cadre, elle le paie cher, car l'enjeu est de taille. En effet, il s'agit de dénicher *la* perle rare qui aidera l'entreprise à rester dans la course, qui aura les capacités de prendre des décisions éclairées, de déléguer, de communiquer ses directives et ses idées, de bien évaluer le niveau de son équipe, ainsi que de l'entreprise, et de se remettre en cause pour privilégier une amélioration continue.

ÊTRE AU TOP N'EST PAS INNÉ

Mais pourquoi les entreprises se trompent-elles lorsqu'elles recrutent un candidat de haut niveau ? Très souvent, elles ne procèdent pas dans le bon ordre : elles définissent le profil du candidat avant même d'analyser les besoins de l'entreprise. Lorsqu'elles élaborent le profil de candidature, parfois elles voient à court terme, que ce soit en négligeant de réfléchir à l'évolution du poste ou en omettant de rattacher le profil à un contexte précis.

De surcroît, les recruteurs sont aveuglés par l'expertise technique des candidats. Leur regard se porte sur le savoir, parfois le savoir-faire, et rarement sur le savoir-être en entreprise. Or, dans un monde qui s'accélère, les compétences techniques seules ne suffisent pas à garantir la qualité d'un candidat.

> **Leur regard se porte sur le savoir, parfois le savoir-faire, et rarement sur le savoir-être en entreprise.**

Il en va de même pour la formation et l'obtention de diplômes. Souvent, les employeurs croient à tort que les diplômes garantissent le talent. Comprenez-moi bien : je ne sous-estime pas la valeur des études ni le talent des diplômés. Mais, lors de l'entrevue d'embauche avec un candidat – peu importe qu'il détienne un doctorat ou une remarquable expertise technique –, il faut se poser cette question essentielle : « Ce candidat sera-t-il animé par la passion pour sa tâche, ses propres résultats et ceux de la société ? » Si la personne présente un talent certain, mais qu'elle ne possède pas l'ardeur qui entraîne des résultats probants, elle n'est pas la meilleure candidate.

Le titulaire d'un diplôme démontre certes un talent pour l'apprentissage, mais en entreprise, il aura un pas de plus à franchir : l'obtention de résultats. Chaque fois que je rencontre un candidat, qu'il ait un doctorat ou non, je demande : « Quelle est votre capacité de production ? Combien de clients recruterez-vous ? » Et à l'entrepreneur qui me dit : « J'ai embauché X, qui a tel diplôme », je demande toujours : « Qu'est-ce que votre employé a réalisé avant ? Qu'est-ce qu'il va apporter à votre société ? » Une excellente formation ne garantit pas le talent de vendre, ni de programmer vite et bien. Soyez vigilants au moment de l'embauche !

LES BESOINS DU MARCHÉ, UNE QUESTION DE VIE OU DE MORT POUR L'ENTREPRISE

Je suis titulaire d'un baccalauréat en administration, option finance et économie. J'ai amorcé ma carrière tout en faisant mes études. Je ne cherchais pas à avoir des notes supérieures aux autres. Mon carnet atteste de bonnes notes, mais qui n'ont rien d'exceptionnel. Plus tard, à titre d'employeur recruteur, je n'ai pas attaché une importance capitale aux notes ni aux diplômes des candidats. Pourquoi ? Un diplôme est comparable à l'entraînement sportif : il renseigne sur votre forme physique, mais il ne garantit pas les résultats. C'est la compétition qui vous lance dans la course et qui vous fait dépasser les autres.

À tort ou à raison, notre économie de marché repose sur un système dans lequel les entreprises et les individus sont libres de vendre et d'acheter des biens, des services et des capitaux, en fonction de leurs intérêts et des profits qu'ils veulent réaliser. Il en résulte une vive concurrence pour offrir des produits et des services au meilleur coût possible. En tant qu'employeur recruteur, je cible uniquement le programmeur (ou tout autre poste) qui m'assure un gain de qualité et de quantité, que ce soit dans la résolution rapide de problèmes, la gestion du temps ou le service à la clientèle.

> Un curriculum vitae est une affirmation sans preuve

Pour moi, un curriculum vitæ est une affirmation sans preuve. L'employeur qui embauche un candidat uniquement à partir des renseignements fournis sur papier prend un risque très élevé. Une fois embauché, un candidat peut se révéler incompétent : il se perd dans les analyses de processus, tarde à prendre des décisions, réclame un nouvel équipement... et n'est toujours pas productif. Par conséquent, il faut le congédier rapidement, à moins qu'il ne parte de lui-même. Avec un tout nouvel employé, je prône la Règle des 9 mois (voir page 52 *Connaître ses limites et reconnaître celles de son personnel*). Pendant cette période suivant l'embauche, j'estime que toute nouvelle recrue reste une énigme et peut jeter de la poudre aux yeux, du moins tant qu'elle ne fournit pas de résultats tangibles. Seuls les résultats comptent, croyez-moi.

2 méthodes de création d'un logiciel

ANALYSE, DÉVELOPPEMENT, LIVRAISON

1 Dans cette approche, chaque étape de la construction d'un logiciel est tributaire de la précédente. Cette méthode séquentielle demande des mois de travail avant de faire une présentation au client : « Voici ce que j'ai conçu et la façon dont ce programme répond à vos besoins. » C'est oublier que le marché et les besoins du client ont évolué depuis la commande. Souvent, le client estimera que le programme manque, de près ou de loin, la cible. Résultat : des mois de travail en vase clos partis en fumée. Un jeune diplômé suit, souvent, cette méthode linéaire, elle lui est naturelle.

APPROCHE CLIENT

2 Pour ma part, je préfère une validation continuelle de la progression par le client. Je commence par prendre connaissance des besoins et esquisse les grandes lignes d'une solution comprenant telle ou telle fonctionnalité. Quelques jours plus tard, je retourne la présenter au client pour savoir si mon évaluation des besoins et des fonctionnalités à intégrer au logiciel est juste et complète. À partir de cet instant, un va-et-vient entre l'atelier et le bureau du client s'installe. Ensuite, je fais un prototype, le teste et le présente au client. J'améliore le produit et propose des solutions annexes au fur et à mesure de l'évolution du marché. En fin de compte, le produit est moins parfait sur le plan du code, mais il marche, il répond parfaitement aux attentes et il est en phase avec le marché en raison de la rétroaction continue obtenue du client. Voilà la façon dont j'aime travailler.

24

C'EST **NON** !

Chaque jour, la vie m'offre des occasions de me définir, de faire savoir qui je suis, ce qui m'intéresse et ce qui me rebute. Mes oui et mes non me définissent, car mes réponses aux questions sont révélatrices de ce que je recherche et de ma façon de faire face aux défis : « Vais-je aller plus loin avec cet entrepreneur ? Dois-je accepter cette proposition de mes employés ? » Répondre à de telles questions devrait être simple. Pourtant, s'engager dans quelque chose ou s'y refuser n'est jamais facile. C'est avec une somme de oui et de non que, vous comme moi, nous construisons nos vies. Les nôtres, pas celles que notre entourage voudrait nous voir mener, à moins de dire oui tout le temps.

SURVEILLER SON POIDS

C'est bien connu, toutes les organisations montrent une tendance naturelle à grossir et, si l'on n'y prend garde, à devenir obèses. Le phénomène peut être mis en lumière avec un exemple tiré de la crise du canal de

Suez, en 1956. La victoire militaire sur fond de défaite politique a poussé le gouvernement du Royaume-Uni vers une diminution draconienne du nombre des bâtiments de la Royal Navy. Parallèlement à cette cure minceur sur l'eau, à terre le nombre des employés augmentait sans cesse. En d'autres termes, le ministère comptait de plus en plus d'employés gérant de moins en moins de navires et de marins. Quelle absurdité!

Attention à la boulimie administrative! Dès que survient un embouteillage dans la production, les employés s'empressent souvent de réclamer une augmentation du personnel. Ils se créent des besoins. Mes employés n'ont pas fait exception. Mais, le plus souvent, je leur ai dit non. En cas de demande du genre, vous devez vous poser, à votre tour, des questions importantes : «Me suis-je fabriqué des besoins? Qu'ai-je amélioré avec l'arrivée d'un nouvel employé?» Trop souvent, vous assumez des coûts supplémentaires, mais vous n'observez pas l'augmentation d'efficacité qui avait été annoncée.

Attention à la boulimie administrative !

Ça a toujours fait partie du processus de croissance de revoir les besoins et de les analyser. Dans mon cas, il m'est arrivé de supprimer des postes alors que nous étions en pleine croissance : ce n'était pas pour le plaisir, mais parce que nous nous questionnions constamment sur notre façon d'exécuter le travail. Nous nous demandions si ce que nous faisions était vraiment nécessaire pour les résultats de l'entreprise et si nous avions défini un nouveau besoin qui n'en était pas un.

Au moment où survient un ralentissement ou un blocage, l'embauche de personnel devrait être votre ultime solution. Songez au cube de Rubik. Pour toute situation de départ, il y a des milliers de combinaisons possibles afin d'obtenir six côtés monochromes. Il faut donc faire preuve d'ouverture et d'ingéniosité pour arriver à ses fins. Dans l'économie de marché, aussi trivial que ça puisse paraître, les employés sont des ressources et doivent contribuer aux revenus. La croissance exige de revoir régulièrement les besoins en main-d'œuvre, son coût par rapport aux revenus qu'elle génère. Les gestionnaires, à l'instar de la Royal Navy de notre exemple, ont tendance à se bâtir des empires. Ils croient que de diriger un «gros service» les rend... plus efficaces, plus influents. Mais ce rêve de puissance est un miroir aux alouettes sur lequel, tôt ou tard, ils se cassent le bec.

L'ART DE DIRE NON

Être capable de s'affirmer et d'opposer un refus à une demande qui ne nous convient pas, c'est essentiel à la survie de l'entreprise. À l'occasion, il faut aussi savoir dire non à ce qui semble être pour nous une «bonne» opportunité, pour être capable de dire oui plus tard à une opportunité «grandiose». Et peut-être encore un peu plus tard, nous faudra-t-il laisser passer cette nouvelle opportunité parce qu'elle ne cadre pas avec nos objectifs. Il se peut qu'une opportunité «exceptionnelle» se présente ensuite. Si vous avez libéré des ressources et du temps, vous serez capable de la prendre. Ainsi donc, dire non peut vous mener plus haut et plus loin!

S'il y a une chose à laquelle nous devons tous faire face, c'est qu'il n'y a que vingt-quatre heures par jour et qu'on ne peut dire oui à tout ce qui se présente.

Combien de fois se fait-on dire non au cours de notre vie? L'enfant se fait constamment dire non. Son unique désir est de jouer, d'avoir du plaisir. Quand on est jeune, insouciant, inconscient des exigences de ce monde, on se fait dire non. Et parfois, à force de se faire dire non, on finit par le prendre personnel, à y voir un rejet de sa personne. Alors, on enfile sa cuirasse, on se prépare à négocier, à détruire les arguments de son interlocuteur. Mais ça peut s'avérer utile comme superflu.

LA VOIX,
un bon exemple

CETTE ÉMISSION illustre parfaitement pourquoi il faut savoir dire non pour attendre de meilleures opportunités. À l'émission, tous les candidats chanteurs sont d'un très haut calibre. Si les juges disaient oui immédiatement à toutes ces belles voix qu'ils entendent, leur équipe serait complétée en un clin d'œil et ils passeraient à côté de deux objectifs : le premier, monter une équipe aux talents variés (en choisissant trop vite, ils risquent de choisir des voix et des styles similaires au lieu d'être diversifiés) ; le deuxième, garder une place pour une voix exceptionnelle qui pourrait n'être présentée qu'à la toute fin de la sélection.

Je me souviens d'un automne où mes enfants et moi participions au 24 h de Tremblant. Nous avions prévu qu'ils couchent à l'hôtel avec moi, même s'ils rêvaient de dormir dans le Winnebago de leurs amis. Ils étaient donc persuadés que je leur dirais non. Après tout, je devais courir à 3 h du matin, puis aller les réveiller à 6 h... l'enfer! Mais voilà, je leur ai dit oui. En fait, je leur ai répondu un gros « *Yes!* » qui les a fait tomber à la renverse: ils avaient tellement bien préparé leurs arguments tout en s'attendant à un refus de ma part. Ça les a stupéfiés. Il arrive que la vie nous réserve de bonnes surprises... C'est pourquoi il faut être prêt à fourbir ses armes tout en restant ouvert.

LE NON EN AFFAIRES : THE NAME OF THE GAME

Dans le monde des affaires, il faut savoir quand dire non et apprendre comment le dire. Pour ma part, je tiens à dire non, sans insulter ni blesser quiconque. C'est connu, chaque fois qu'un entrepreneur se voit refuser un appui pour la réalisation de son projet d'entreprise, il est anéanti. C'est comme si on lui disait: « Ton enfant est laid. » En conséquence, je ne dis plus non dès la première rencontre. Je demande des détails sur les objectifs et le plan stratégique. Ça me donne le temps de réfléchir à ma réponse définitive tout en ménageant l'ego de l'entrepreneur.

LE NON DE L'INVESTISSEUR

Tout récemment, j'ai refusé d'investir dans une entreprise, car je me suis rendu compte que les entrepreneurs voulaient d'abord se payer un salaire. Plusieurs investisseurs pensent que l'argent frais doit servir à payer des salaires ou à faire la décoration des bureaux. Désormais, je pose la question:

« Qu'allez-vous faire de mon argent au jour 1 ? Donnez-moi un budget pro forma de la journée 1 de mon investissement. »

Dire non, c'est parfois aussi se faire des ennemis et, je l'admets, risquer de manquer une occasion en or. Lorsque je refuse un investissement, je me demande si je ne passe pas à côté du futur Google ou du prochain Facebook. D'autre part, je ne peux pas investir partout en même temps et seule une infime minorité de jeunes entreprises deviendront un Google ! Mais il faut vous dire que ce n'est pas grave de passer à côté d'une opportunité, parce que lorsqu'elle s'est présentée et que vous ne l'avez pas saisie, c'est peut-être que vous n'étiez pas prêt.

Qu'allez-vous faire de mon argent au jour 1 ?

Au fil des ans, j'ai trouvé la manière d'exprimer un refus avec élégance : « Vous feriez une mauvaise affaire, car ce type d'investissements ne correspond pas à mes compétences. » Dans la même veine, Georges et moi jouons souvent la carte de la mésentente : « J'aimerais vous soutenir, mais mon associé n'est pas d'accord, parce que ça ne correspond pas à son type de placements. » Nous nous trouvons alors, Georges et moi, dans les rôles du *good guy* et du *bad guy*.

LE « NON » DE L'ENTREPRENEUR

À l'occasion, comme entrepreneur, on doit savoir refuser un projet d'envergure qu'on sera vraisemblablement incapable de réaliser dans les temps, ce qui risquerait de nous faire perdre la confiance du client. Notre entreprise, Aheeva, a été invitée à soumettre une offre pour un centre d'appels d'urgence 9-1-1. Nous avons préféré ne pas y donner suite. Notre logiciel n'était pas au point. Pour servir un client comme une centrale 9-1-1, il faut pouvoir faire un parcours sans faute, sinon c'est la catastrophe ! Dire non à nos partenaires, à nos employés, est facile. Refuser quelque chose à un client est une autre affaire, pourtant il faut savoir le faire. On croit que de dire oui à tout fait de nous un leader... moi-même, je me laisse prendre au jeu, à l'occasion. Erreur.

Et puis, il faut apprendre à écarter d'excellentes idées, un, parce qu'on ne peut pas tout faire, et deux, parce qu'il faut se laisser une marge de manœuvre, ne serait-ce que pour saisir une occasion phénoménale. Lorsqu'on dit oui à tout, l'horaire devient vite surchargé et l'on finit par négliger certaines tâches capitales. Être hypersélectif nous laisse le temps nécessaire pour construire le prochain Google ou satisfaire le client qui sera un véritable atout pour l'entreprise. Il faut dire oui aux bonnes idées, mais pas à toutes.

Enfin, autour du lancement de l'entreprise, il faut aussi se refuser des caprices : fini les sorties au restaurant avec les amis, les vacances de golf, les partys. Tout ce qui est agréable et qui nuit à l'atteinte de notre objectif est à proscrire. On n'a pas le choix ! On devient monomaniaque parce qu'on veut réussir, concentrer notre attention sur notre mission et nos valeurs. Encore une occasion de dire... non. Et d'avancer sur la voie de la réussite.

En fin de compte, il s'agit de rester lucide. On n'a que vingt-quatre heures par jour pour accomplir ce qui doit être fait pour assurer notre succès. On peut difficilement être à la fois un PDG virtuose et un champion de l'Ironman, je l'ai déjà dit et je ne crains pas de me répéter !

Je me souviens...

À 14 ans, j'ai eu une moto. Mon père me répétait:
« Mets ton casque! » Je disais non, je n'en faisais qu'à ma tête. Un jour, ma roue avant est tombée
dans un trou et j'ai fait un vol plané à 120 km/h. Je me
souviens du moment avant de perdre connaissance,
j'étais à quelques centimètres du sol et je me suis dit:
« [censuré] que je vais me faire chicaner! » Il y avait
deux conséquences possibles: j'allais mourir ici, sur
cette route, sinon « mourir » à coup sûr en rentrant à
la maison tellement j'allais me faire engueuler. Quand
j'ai repris connaissance, j'étais au sol, le visage ensan-
glanté et écorché, mais je ne pensais qu'au sermon que

j'allais recevoir. Je me suis tout de même rendu à l'hôpital avec ma moto déglinguée. Ce n'était pas banal, car je porte encore les séquelles de cet accident : un œil qui voit moins bien, des problèmes aux genoux, des cicatrices. Quand je suis rentré chez moi, je me suis dit, j'ai dit non à la consigne de mes parents, c'est sûr que je « passe au cash ». J'étais tellement mal en point que mes parents n'ont pas été capables de m'engueuler ! Mais je n'ai pas eu le droit de me servir de ma moto réparée pendant deux semaines.

25

LE **MONDE** DES **AFFAIRES :** AUSSI **CRÉATIF** QUE LE MILIEU DES **ARTS** ?

Jusqu'à ce que je lise *How Creativity Works*, de Jonah Lehrer, je ne m'étais pas rendu compte que j'étais créatif. J'ai été surpris, car j'associais cette capacité à la nature artistique de quelques individus talentueux. La formation qui m'a préparé à la comptabilité et à l'informatique est essentiellement cartésienne : plus ou moins, noir ou blanc, 0 ou 1, toutes choses apparemment à l'opposé de l'art.

J'ai lu le livre de Lehrer, qui met en relief la créativité des points de vue scientifique, artistique et des affaires, parce que j'avais accepté de participer à un panel de discussion à la radio où je représentais le monde des affaires. Après quelques pages, je me suis rendu compte que j'étais un être créatif, alors que je ne le savais pas.

How Creativity Works montre où et comment on passe d'un esprit cartésien à un esprit créatif : c'est le moment où l'on pousse son cerveau à l'extrême. On se retrouve alors devant une voie sans issue. Il faut arrêter de travailler sur le problème, passer à autre chose et soudain la lumière nous vient. Je me rendais compte que, en moi aussi, le cerveau se mettait en mode créatif parce que je l'avais poussé à la limite. Le livre explique qu'il se produit une réaction chimique dans notre cerveau à ce moment-là. Chez moi, 90 % du temps, courir entraînait cette réaction chimique qui permet de trouver la meilleure solution.

J'ai repensé à notre parcours, à Georges et à moi. Au fond, nous avons imité les astronautes et les techniciens de la mission Apollo 13, qui ont réussi à ajuster le filtre carré du module de commande dans le boîtier rond du module lunaire – qui, dans les circonstances, servait de canot de sauvetage. Pour Atelka, nous avons analysé les faiblesses des éventuels concurrents et nous avons imaginé une façon de faire plus efficace.

J'avais passé ma vie à me croire peu créatif, alors que je devais trouver chaque jour des solutions à des problèmes, ce qui est éminemment créatif. C'est aussi la base des affaires : trouver une carence, un manque, une niche vide sur le marché et vouloir la combler. C'est ce que je faisais en écrivant du code.

Les gens qui réussissent en affaires sont des gens qui ont vaincu leurs peurs pour créer quelque chose de nouveau et changer la vie de leurs clients.

À la conférence annuelle de C2MTL, on discute les cas d'entrepreneurs dont l'approche est axée sur la créativité : comment ils ont réussi en affaires grâce à leur créativité. L'entreprise de souliers Toms m'a impressionné : le fondateur, Blake Mycoskie, est allé visiter l'Argentine où il a constaté la pauvreté des enfants. Il a décidé que chaque fois qu'il vendrait une paire de souliers, il en donnerait une à un enfant pauvre dans les pays en développement. Il avait un but philanthropique, bien sûr, mais en même temps il a bâti une entreprise qui a connu un très grand succès. Depuis, beaucoup d'autres entreprises se sont inspirées de son approche.

Est-ce que les gens d'affaires sont créatifs ? La réponse est oui, sans aucun doute. Ce sont de grands improvisateurs : ils font de l'improvisation appliquée, parfois même planifiée. Ils sont prêts à tout. Ils doivent trouver des solutions, penser *outside the box*, ce sont des créatifs sans le savoir.

Partie 4

LE FINANCEMENT ET AUTRES ASPECTS FINANCIERS

26

QUAND **VENDRE** SON **ENTREPRISE**?

J ake Lodwick, cofondateur de Vimeo, dit qu'il ne vendra jamais plus une société qu'il a créée. Il a été congédié un an et demi après la vente partielle de son entreprise, Connected Ventures, la société mère de Vimeo et de CollegeHumor, au géant Internet IAC, un conglomérat de médias avec un large éventail d'actifs en ligne. Connected Ventures est un réseau visité par 7 millions de personnes qui consultent 200 millions de pages par mois. IAC a acheté 51% des parts de l'entreprise en août 2006.

Comme il l'a confié au magazine *Inc.*, Lodwick estime que la vente de son entreprise a été un échec. «Ma vie est peu à peu devenue un cauchemar. Je n'étais pas prêt à être absorbé par un conglomérat et dépouillé de ma liberté d'homme créatif. L'acheteur a introduit progressivement ses processus propres dans tout ce que nous avions réalisé jusque-là. Avant, nous prenions nos décisions nous-mêmes et pouvions nous retourner sur un 10 cents, mais à partir de ce point, nous avons été obligés d'assister à des réunions hebdomadaires, puis à deux réunions par semaine, puis trois.» Cela a considérablement ralenti l'innovation sur les produits existants et son équipe a dû également cesser de lancer de nouveaux produits. « Ils m'ont congédié, conclut-il, une semaine ou deux avant que je ne quitte l'entreprise de mon propre chef. J'étais écœuré et blessé. »

Je ne connais pas Lodwick. J'ai pris connaissance de sa mésaventure sur le Web. Il semble toutefois qu'il ait appris qu'une prise de contrôle est rarement amicale. Selon moi, il n'était pas prêt à vendre son entreprise. Il ne s'était sans doute pas posé les questions essentielles qui doivent précéder une vente d'entreprise : « Suis-je fatigué de faire le même travail ? Vais-je avoir de la relève ? Est-ce que je veux amener mon entreprise plus loin ? » Et la plus importante : « Suis-je prêt à lâcher prise ? »

La cession d'une entreprise représente un défi de taille. Peu importe que ce soit à un conglomérat formé d'inconnus, comme ce fut le cas pour Lodwick, ou à son fils ou sa fille. C'est complexe sur le plan juridique et ça comporte une forte charge émotive. C'est un peu comme vendre son « bébé », parce qu'il y a beaucoup de nous dans ce qu'on crée. Les entrepreneurs qui se sentent prêts doivent donc s'assurer, avant de mettre une pancarte sur la porte, de maximiser la valeur de l'entreprise dans laquelle ils ont investi temps et énergie, en fait, une partie de leur vie. La vente d'une entreprise se planifie à long terme – il faut avoir un bilan épuré et en santé, un bon carnet de commandes, des employés satisfaits –, tout ça pour vous dire que des changements cosmétiques de dernière minute ne généreront que des offres décevantes.

PME, BOURSE : MÊME COMBAT !

Pour un instant, mettons-nous dans la peau d'un entrepreneur qui veut vendre son entreprise. À quel moment et à qui doit-il la vendre ? C'est une décision capitale, probablement la décision la plus importante de sa vie d'entrepreneur. Cette décision vaut des centaines de milliers de dollars, voire des millions.

Il y a deux façons de vendre une entreprise : mandater un courtier en entreprises ou attendre une offre. Trouver un acheteur seul, ça prend du temps et ça vous détourne du développement de votre entreprise. Pendant que vous ne vous en occupez pas, elle ne prend pas d'expansion et risque d'être affaiblie. Dans le cas d'Atelka, un courtier de CIBC Wood Gundy nous a approchés et nous avons décidé d'examiner le marché. Nous connaissions donc les ratios de l'industrie avant de signer. Une fois la vente terminée, nous avons consacré notre énergie à autre chose.

Pour illustrer mon propos, permettez-moi de faire un parallèle avec la Bourse. Acheter des produits financiers à la Bourse est une décision facile. On est enthousiaste, porté par l'engouement du moment et l'expérience d'amis qui ont vu leurs actifs prendre de la valeur. On se laisse séduire par deux ou trois critiques parues sur l'entreprise de son choix, bref, tout a l'air parfait. Et pourtant, pour acheter ne serait-ce qu'une seule action, il faut une condition essentielle. En effet, il faut qu'un individu désenchanté, en dépit des mêmes sources d'information, voire de meilleures sources, souhaite se défaire d'une action au plus vite. Une seule réalité, deux lectures opposées. Qui a raison, qui a tort ? Qui va engranger, qui va perdre ?

Prenons le cas d'une vente à 100 %, étape par étape.

L'acheteur fait parvenir une lettre d'intention qui représente une promesse d'achat conditionnelle à une vérification comptable complète : c'est une véritable inquisition sur l'entreprise depuis sa création. Dans la première étape de la transaction, vous devez fournir les états financiers des dernières années, le budget pour la prochaine année et les projections sur trois ans... bref, fournir ce que j'appelle un « nu » de son entreprise.

La vérification (*due diligence*) dure entre trois et six mois pendant lesquels il faut être transparent. Pour ma part, quand je veux investir dans une entreprise, si je découvre, durant la vérification, quelque chose qui n'a pas été mentionné, la présence d'un autre investisseur ou des dettes

sous le tapis, par exemple, c'est carton rouge et le lien de confiance est rompu. La vérification fait remonter à la surface tout ce qui a été caché et que votre entreprise soit «belle» ou pas, l'acheteur peut se retirer n'importe quand: c'est son argent qu'il risque.

Pendant la vérification, il vous faut aussi rassurer les employés et les clients qui pourraient être tentés de chercher un emploi ailleurs ou un autre fournisseur.

Il n'y a pas de meilleur moment ni de pire moment pour vendre.

Et rappelez-vous que, selon le montage fiscal, une part du gain en capital est imposable. Dans une entreprise qui débute, comme Aheeva et Atelka, l'achalandage que nous avons créé, les heures que nous avons passées – ce qu'on appelle l'intangible – ne sont pas quantifiés ni reconnus, et sont imposés comme si la valeur marchande était de zéro au départ! Lorsqu'on achète une entreprise, on paie pour quelque chose: cette valeur est notre prix de départ, sur lequel le gain en capital sera compté. Avec une *start-up*, les risques, la recherche de clients, le développement d'un nouveau produit, tout ceci vaut quelque chose qui, dans la comptabilité contemporaine, ne vaut rien.

Il n'y a pas de meilleur moment ni de pire moment pour vendre son entreprise. Mais si un acheteur prêt à investir frappe à votre porte, prêtez-lui une oreille attentive. S'il est prêt à payer un multiple des profits égal ou supérieur aux entreprises comparables sur le marché, c'est le moment de penser à vendre.

QUELQUES CONSEILS
POUR VENDRE MIEUX

1 La vente de votre entreprise est un défi de taille dans votre vie d'entrepreneur, mais ce n'est pas un défi auquel vous êtes habitué de faire face, au contraire. L'expérience de professionnels est souvent un atout. L'intérêt de mandater un courtier en entreprises réside dans la distance qu'il nous permet de garder avec les aspects émotifs de la transaction (bien qu'on ait toujours des papillons dans l'estomac) et dans le gain de temps qu'on peut consacrer à son entreprise.

2 Si l'entreprise atteint à peine le seuil de rentabilité, il serait vain de penser recevoir une offre mirobolante. Par contre, si vos bénéfices non répartis sont élevés, ça indique aux acheteurs et à leurs financiers que l'entreprise est rentable et en bonne santé.

3 Cherchez les moyens d'accroître l'efficacité, de réduire les coûts et de contrôler les stocks sans nuire à vos activités. Révisez votre plan de marketing pour stimuler les ventes et constituer une clientèle qui procure des revenus récurrents. Un nouveau client est toujours un plus.

4 Ne ralentissez pas avant d'avoir franchi la ligne d'arrivée, accélérez plutôt. Négliger la gestion, les équipements et les améliorations mettrait en péril la valeur de votre société.

5 Révisez votre plan stratégique : des objectifs et des étapes mesurables pour les prochaines années augmentent votre crédibilité.

6 La vente d'une entreprise reposant sur une excellente mise en marché, demandez à certains de vos clients fidèles de vous expliquer pourquoi ils achètent chez vous et faites valoir leurs arguments devant des acheteurs éventuels.

CE QUE J'AIME VOIR ET ENTENDRE PENDANT UNE VÉRIFICATION

• Les chiffres des cinq dernières années (si l'entreprise est en activité depuis plus de cinq ans) et des cinq prochaines années.

• La stratégie de sortie :

  1) S'il n'y a pas de stratégie de sortie, c'est-à-dire si l'on ne prévoit pas la vente de l'entreprise, établir le paiement de dividendes ;

  2) l'entrée en Bourse ;

  3) la revente de l'entreprise à un joueur clé ou à un compétiteur.

• Le plan de développement.

• Une présentation de l'équipe de gestion.

• Les réponses à toutes les variations financières du bilan passé ou prévu.

27

SAVOIR **PRÉSENTER** SON **ENTREPRISE** À UN **INVESTISSEUR**

Pour tracer un portrait attrayant de son entreprise, il faut savoir la présenter de deux façons : à un client et à un investisseur potentiel. Il y a donc deux points de vue à connaître et deux présentations à maîtriser. Chaque fois, l'entrepreneur doit prouver cette affirmation : « Mon produit est le meilleur. » Et l'entrepreneur qui est à la recherche d'un investissement ou d'un partenaire doit répondre à des questions cruciales et éviter certains pièges

La plupart des entrepreneurs qui défilent à l'émission *Dans l'œil du dragon* s'adressent à nous comme si nous étions d'éventuels clients. Je ne suis pas un client, je suis un investisseur : parlez-moi de vos concurrents, de votre marge de profit par rapport à celle de la concurrence, entre autres. À partir du moment où je prends place sur le plateau, les caractéristiques des produits ne m'intéressent aucunement. Je me concentre sur les caractéristiques de vente par rapport au marché. Je veux connaître ma stratégie de sortie, c'est-à-dire quand je pourrai me retirer en ayant fait de l'argent.

Il faut que votre propos soit clair : avez-vous comme objectif de vendre ou de vous développer et de grandir ? L'investisseur peut être fortement intéressé par le fait que vous voulez bâtir une multinationale qui paiera des dividendes pendant des années. Et puis, il y a les situations de consolidations où les grands achètent les petits : vous devez présenter alors une stratégie de croissance qui vous rendra intéressant à acheter aux yeux de plus gros que vous.

L'entrepreneur qui cherche un partenaire financier doit être capable de répondre à cette question cruciale : « Quelle est votre marge bénéficiaire ? » (50 %, alors que celle de la concurrence est 40 %) Je ne vais poser des questions sur le nombre d'employés que si le chiffre d'affaires et les profits sont très élevés ou si la marge bénéficiaire est inférieure à la moyenne du marché.

L'une des erreurs est de dire à l'investisseur que le marché est exigeant : tous les marchés le sont. Si c'était facile, tout le monde serait entrepreneur.

Par ailleurs, le petit entrepreneur qui dit : « Je suis seul, je n'ai pas de concurrence », affirme en fait que sa niche est si étroite que les possibilités d'expansion sont limitées ou que les clients n'ont pas besoin de son produit.

Le moment aussi est important. Beaucoup d'entrepreneurs sont des esprits brillants, révolutionnaires, qui offrent un produit alors que le public ne l'a pas encore réclamé. Ce manque de synchronisme signe souvent la mort dans l'œuf de l'entreprise. Ou alors, il faut faire de l'évangélisation. Songez à Steve Jobs et à Apple les premières années. Steve Jobs a dû familiariser les clients avec son produit avant de le vendre. Lorsqu'on a l'idée du siècle, il faut prévoir un gros budget de marketing et du temps avant de voir les ventes grimper. Les entreprises les plus performantes s'inspirent plutôt des idées d'autrui et font du pouce « dessus » en les améliorant ou en les adaptant.

Ainsi, les Pop-Tarts de Kellogg's sont une copie des empanadas traditionnelles mexicaines. Cette imitation a rapporté des millions.

Autres erreurs de nos entrepreneurs : ils veulent tous 1% du marché, réaliser leurs ventes par le biais des réseaux sociaux, devenir le prochain succès sur Facebook et vendre chez Walmart. Qu'on se le dise, les réseaux sociaux n'aident que les personnes et les entreprises connues. Les autres entreprises sont ignorées. Lorsque j'entends ce genre d'argument, un signal d'alarme retentit en moi : la personne ne connaît pas son marché ni les moyens de le rejoindre. Il faut être pragmatique lorsqu'on est chef d'entreprise.

> Qu'on se le dise, les réseaux sociaux n'aident que les personnes et les entreprises connues.

Il y a principalement deux sources où se procurer les fonds pour lancer ou agrandir son entreprise. Il y a les banques. Elles ne vous refuseront pas de remplir un formulaire de demande de prêt, mais avant de vous prêter la somme, elles voudront que vous satisfassiez à leurs exigences, et celles-ci sont aussi nombreuses qu'impitoyables. Ou vous pouvez demander un rendez-vous à un investisseur privé. S'il accepte, cette occasion ne se présentera pas deux fois. Dans tous les cas, il faudra arriver très bien préparé. Au préalable, rédigez votre plan d'affaires, soumettez-le à des amis qui s'y connaissent. Améliorez-le en fonction de leurs commentaires et des questions auxquelles le plan n'apporte pas de réponse.

Le FAMEUX 1 % du marché

Les entrepreneurs qui connaissent mal leur marché ont tendance à dire que le marché qu'ils visent est seulement de 1%. Ils essaient de nous convaincre que c'est un objectif facile à atteindre. Je pose souvent la question : « Quelle est votre stratégie pour atteindre l'objectif de 1% du marché mondial ? » Mais il y a un piège. Un pour cent du marché mondial du hamburger, c'est colossal, voire impossible à atteindre dans un avenir proche. Par contre, 1% du marché des cercueils en bambou, c'est tout le contraire. Et dans ce cas, pourquoi ne pas viser 50% du marché mondial des cercueils en bambou ?

TROUVER UN PARTENAIRE-INVESTISSEUR

Lorsque vous serez prêt à discuter avec des investisseurs, un des défis auxquels vous ferez face sera justement d'arriver à leur parler de vos projets.

La plupart des financiers et des investisseurs reçoivent tous les jours une importante correspondance et n'ont pas le temps de rencontrer tout le monde. Il n'est pas rare pour des entrepreneurs qui commencent de demander un rendez-vous à une cinquantaine d'investisseurs, voire plus, avant d'obtenir des fonds. Donc comme entrepreneur, vous allez devoir identifier des dizaines de personnes qui pourraient s'intéresser potentiellement à votre entreprise.

Heureusement, il y a maintenant plus de ressources que jamais pour vous prêter main-forte.

Voici quelques conseils pour obtenir des rencontres avec les personnes adéquates :

- Rédigez un plan d'affaires et un profil d'entreprise en vous inspirant des informations glanées sur AngelList (une bourse d'investissement américaine en ligne ; seuls des investisseurs accrédités peuvent s'y présenter). Vous apprendrez ce sur quoi les investisseurs se penchent et ce qu'ils veulent savoir. Le plan et le profil devront comporter des informations précises sur votre entreprise, votre produit, vos objectifs, vos stratégies marketing, la concurrence et vos collaborateurs.

- Une fois que vous avez rédigé vos documents, montrez votre plan d'affaires à vos amis et connaissances professionnelles et demandez-leur une rétroaction objective. Demandez-leur aussi de le faire lire par des personnes qui ne vous connaissent pas. Ensuite, apportez des corrections en fonction des commentaires et des questions.

• Créez une liste stratégique d'investisseurs que vous aimeriez rencontrer. Essayer d'obtenir des rendez-vous avec toute personne qui pourrait faire un investissement est un défi énorme, mais puisqu'il y a des milliers d'investisseurs, vous pouvez gagner du temps en concentrant d'abord vos efforts sur les 50 investisseurs qui, selon vous, seront les mieux disposés envers votre entreprise. Vous pourrez toujours compléter la liste si ça ne marche pas.

• Consultez les membres de votre réseau. Parce que les investisseurs reçoivent nombre de demandes, ils donnent souvent la priorité aux personnes qui leur sont recommandées. Une fois que vous avez dressé une liste des investisseurs que vous aimeriez rencontrer, passez-la en revue, une personne à la fois, et voyez si vous avez des connaissances mutuelles. Mais avant de demander une recommandation à vos contacts, parlez à chacun d'eux afin de leur présenter votre plan. En fin de compte, cet ami commun devrait être convaincu que c'est à votre avantage et à celui de l'investisseur. Lorsque cet ami est prêt à vous présenter, faites-lui parvenir quelques phrases (une miniprésentation) à inclure dans le courriel qu'il enverra.

Il y a fort à parier que vous ne trouverez pas un intermédiaire pour chacun des investisseurs visés. Le cas échéant, vous devez simplement être plus convaincant et plus direct dans l'envoi de votre courriel. Par exemple, ajoutez : « Je n'envoie habituellement pas de courriel sans la recommandation d'un ami commun, mais devant le risque de ne pas pouvoir vous rencontrer et de manquer une occasion mutuellement profitable, je me présente moi-même. »

Malgré une excellente stratégie, préparez-vous à être ignoré de la plupart des investisseurs. Si vous ne recevez pas de réponse dans les deux premières semaines, faites un suivi. Ensuite, continuez à informer vos investisseurs éventuels lorsque vous avez des nouvelles à communiquer, par exemple, quand vous lancez un produit ou quand vous vous êtes entendu avec un investisseur connu. Cela s'applique aussi aux investisseurs que vous avez rencontrés, mais dont vous n'avez pas reçu de réponse positive.

Vous allez entendre beaucoup de non avant d'entendre le oui qui vous fera enfin rencontrer un investisseur ou un partenaire potentiel. Ne gâchez pas ce moment.

28

LES **VOIES** DE L'**ARGENT**

Les petites et moyennes entreprises contribuent grandement à l'économie. Leur lancement ou leur expansion demande – je le répète – une bonne idée, un plan d'exécution réaliste et rigoureusement appliqué, ainsi que des fonds. Il existe diverses manières de financer une entreprise et chaque entreprise comporte des besoins de fonds qui lui sont propres. Voici le cheminement que peut prendre un entrepreneur en démarrage.

SOURCE 1 : *SWEAT EQUITY* (CE QUE VOUS AVEZ BÂTI À LA SUEUR DE VOTRE FRONT)

Il faut absolument avoir passé des centaines, voire des milliers d'heures à bâtir votre prototype. Ça peut vouloir dire vendre votre maison, vivre dans le sous-sol de vos parents, ne pas prendre d'emploi pour vous consacrer au développement de votre idée. C'est le moment où vous êtes seul avec votre projet.

Un éventuel investisseur dans votre entreprise s'intéressera à cette partie intangible de la vie de votre produit ou de votre entreprise. C'est l'étape où un projet devient une entreprise. Dites-vous qu'il n'y a personne qui voudra investir avec vous si vous n'êtes pas capable de démontrer les efforts que vous avez faits pour bâtir. Il n'y a personne qui prendra plus de risques que vous n'en avez pris vous-même.

> **Personne ne prendra plus de risques que vous n'en avez pris vous-même.**

SOURCE 2 : *LOVE MONEY* (L'ARGENT DE SES PROCHES)

L'entourage d'un entrepreneur procure souvent une partie du financement dont celui-ci a besoin sous forme de prêt ou contre une partie des actifs. C'est l'argent de vos proches, amis et famille, des gens qui croient en vous. Sachez toutefois qu'ils vous en tiendront rigueur si votre projet d'entreprise ne décolle pas. Mais tout le monde autour de vous n'a pas nécessairement d'argent. Le problème, c'est que si vous n'avez pas d'amis qui croient assez en vous pour débourser 10 000 $ ou 20 000 $, votre projet ne lèvera jamais.

Il y a des gens qui viennent me voir pour recueillir du *love money*. C'est non, je ne les connais pas !

SOURCE 3 : *CROWD FUNDING* (PLATEFORME DE SOCIOFINANCEMENT)

Les sites haricot.ca, kickstarter.com et indiegogo.com sont des plateformes de sociofinancement. Ce type de financement communautaire complète bien l'investissement personnel et le capital de risque convivial (*love money*). On peut y recourir quelle que soit l'étape à laquelle on se trouve.

La montre Pebble (une montre Bluetooth compatible avec Android et les iPhone) est un parfait exemple de ce que permet Kickstarter (les entrepreneurs ont réussi à y amasser 10,3 millions de dollars).

En ce moment, le sociofinancement aide les personnes qui ont des projets (une création, une idée, une démarche, un concept artistique ou d'affaires, une cause philanthropique). Il n'y pas d'actions, mais les sites de socio-financement accordent aux investisseurs des avantages, des récompenses et une reconnaissance en retour de leur participation : ce pourrait être votre nom sur la carte de visite de l'entreprise qui a réalisé un film, ou des billets gratuits pour le lancement, ou l'obtention du produit à son lancement. Vous financez un produit à venir, un service, un bien. Vous ne reverrez donc pas votre argent.

Pour un entrepreneur, ce type de financement ressemble à du *love money*, mais ces sites de sociofinancement vous offrent une visibilité en tant qu'entreprise. Par ailleurs, vous bénéficiez d'une communauté de gens qui ont déjà préacheté votre produit. Donc ces plateformes vous donnent l'équivalent d'une campagne de promotion. C'est même mieux que la banque... pour la visibilité et, en plus, vous prévendez votre produit. En d'autres termes, vous êtes payé d'avance.

Le sociofinancement est donc une approche novatrice, mais appelée à changer rapidement. En effet, le *Jobs Act*, aux États-Unis, va modifier le visage communautaire du sociofinancement en permettant d'émettre des actions. Ce ne seront toutefois pas des actions en Bourse... pour le moment !

SOURCE 4 : L'INVESTISSEUR PROFESSIONNEL

Un investisseur professionnel est un spécialiste qui souhaite investir son argent dans des entreprises prometteuses en espérant un rendement supérieur à ceux offerts par les banques. Pour arriver à leurs fins, ces investisseurs sont rigoureux et veillent à la bonne planification de l'entreprise et à sa saine gestion. Mais ce type d'investissement est marginal.

SOURCE 5 : LES ANGES FINANCIERS

Les anges sont des femmes et des hommes d'affaires qui ont connu un succès et qui veulent réinvestir dans des entreprises, mais avec d'autres investisseurs. Ils choisissent généralement des *start-ups* (des entreprises en démarrage). Les anges se regroupent à 10 ou 20. Ces gens sont une bonne source de financement, car ils connaissent les écueils que rencontrent les entreprises en démarrage. Un financement par des anges donne une grande visibilité et une très grande crédibilité.

SOURCE 6 : LES BANQUES OU LE CAPITAL DE RISQUE

La voie bifurque :

• *Les banques*

Les banques consentent un prêt sur garanties. L'entrepreneur doit présenter son plan d'affaires et son budget, et bien sûr son bilan si son entreprise est déjà en activité. En général, une banque prêtera selon les garanties que vous aurez fournies. Si vous voulez obtenir 200 000 $, mettez votre maison en garantie, par exemple. Les banques sont frileuses. Elles peuvent aller, si l'historique de l'entreprise est bon, jusqu'à financer 75 % des comptes à recevoir. Les banques accompagnent ce prêt d'un taux d'intérêt élevé, qui est proportionnel au risque.

• *Le* **venture capital** *(capital de risque)*

L'investisseur veut une participation dans l'entreprise en échange de capital-actions. Souvent, il aime aussi prendre le contrôle de l'entreprise, toujours par le biais du capital-actions. Cette étape est très importante, parce qu'elle précède souvent l'entrée en Bourse. Le capital-risque vous amènera plus loin que les autres sources de financement.

SOURCE 7 : L'APPEL PUBLIC À L'ÉPARGNE

Il s'agit de mise en vente d'actions, de bons de souscription et d'autres produits financiers par l'intermédiaire de courtiers en valeurs mobilières. C'est le passage en Bourse. Ensuite votre financement se mettra à tourner en boucle : banques, investisseurs privés, Bourse, etc.

Si les entrepreneurs comprenaient toutes ces nuances...

Si les entrepreneurs comprenaient toutes ces nuances et les étapes à suivre, ils obtiendraient beaucoup plus facilement leur financement, parce qu'ils auraient suivi la voie efficace... celle de l'argent.

DERNIERS CONSEILS

- Étudiez attentivement les caractéristiques des différents modes de financement.

- Sollicitez des conseils auprès de vos amis entrepreneurs qui ont du succès.

- Dès la rédaction de votre plan d'affaires, établissez une stratégie de financement.

- Assurez-vous que vos antécédents personnels de crédit jouent en votre faveur.

- Rappelez-vous que, exception faite de l'investisseur professionnel et des anges, les prêteurs sont des fournisseurs.

- Revoyez souvent la stratégie de financement de votre entreprise en fonction de votre situation.

29

POURQUOI UN **BREVET** REPRÉSENTE-T-IL UNE **PERTE** DE **TEMPS** ?

Un brevet est un droit que vous accorde un gouvernement pour limiter le droit d'autres personnes à fabriquer, à copier, à employer ou à vendre votre invention sans votre accord. Au Canada, les brevets sont délivrés par le Bureau des brevets de l'Office de la propriété intellectuelle. Cet organisme reçoit les demandes, fait enquête et accorde des brevets aux demandeurs qui satisfont aux exigences, notamment, ceux dont l'invention en est une, c'est-à-dire qu'elle est une première et n'a pas été brevetée dans le passé.

Si votre produit est brevetable, vous êtes donc le seul à avoir conçu un tel produit. Alors, dites-vous que, s'il possède autant de qualités que vous le croyez, quelqu'un quelque part a vu la même carence devant un besoin et est en train

> Une absence totale de concurrence indique plus souvent que le produit n'est pas si *hot* que ça.

de réfléchir à une solution ou est passé à l'action pour en développer une aussi bonne, voire meilleure. Mais une absence totale de concurrence indique plus souvent que le produit n'est pas si *hot* que ça. Enfin, si le produit est breveté, donc que sa mise en marché est exclusive pour un certain temps, faites attention. Un brevet pourrait vous entraîner à devenir négligent dans sa mise en marché et votre entreprise pourrait s'écrouler !

LE BREVET EST UNE PERTE DE TEMPS... ET D'ARGENT

Je reçois par Facebook ou courriel des centaines de messages de gens qui disent avoir un produit brevetable ou breveté et on me demande souvent s'il vaut la peine, pour une petite entreprise, de demander des brevets pour ses inventions. Ma réponse est invariablement non, exception faite des secteurs scientifique et pharmaceutique, pour lesquels l'obtention d'un brevet est le nerf de la guerre. En effet, la recherche et le développement dans le cas d'une nouvelle molécule et les études en science sont si longs et si coûteux que, sans brevet, les fabricants de produits génériques – des entreprises qui copient les recettes originales sans financer les recherches – s'en empareraient et la vente des nouveaux médicaments et produits scientifiques ne couvrirait jamais les frais.

Je ne me ferai peut-être pas d'amis, mais j'ai remarqué que dans les autres versions des *Dragons*, les membres du jury posent systématiquement la question : « Avez-vous un brevet ? » À mon avis, c'est une question inutile, injuste pour l'entrepreneur et même de la désinformation, parce qu'elle porte les téléspectateurs à croire que le brevet est indispensable. Celui qui dispose d'un brevet a perdu du temps et de l'argent pour obtenir celui-ci quand il aurait mieux fait de commercialiser son produit sur-le-champ.

Le cas
TRI-VISION

Tri-Vision a installé en 1998 le contrôle parental *(V-Chip)* dans les téléviseurs : l'entreprise en détient le brevet. À partir du 1er janvier 2000, le contrôle parental est devenu obligatoire dans tous les téléviseurs vendus aux États-Unis et au Canada, entre autres. Quand j'ai acheté des actions de cette entreprise en 1997, Tri-Vision détenait le brevet et on savait que bientôt les gouvernements légiféreraient pour rendre cette fonction obligatoire. De prime abord, cette entreprise avait tout pour réussir. Et pourtant, elle a dépensé des millions de dollars pour protéger son brevet au lieu d'innover et de développer de nouveaux produits. Elle a fini par être achetée par Wi-LAN en juillet 2007 sans jamais remplir ses promesses de revenus tant espérés. Ma mine d'or n'a jamais pris de valeur.

La question à poser est : « Avez-vous le temps, l'argent et l'énergie néces-saires pour faire valoir votre invention auprès de l'Office de la propriété intellectuelle ? » Si vous ne les avez pas, n'attendez pas. En effet, il est fort probable qu'un concurrent aura vent de votre invention ou aura une idée semblable durant le traitement de votre demande et qu'il va copier votre produit en y apportant de très légères modifications et le mettre sur le marché avant que vous ne puissiez réagir !

Je recommande aux PME de consacrer l'énergie qu'elles auraient mise, à obtenir un brevet dans la commercialisation immédiate du produit. Et puis, je n'ai jamais vu une entreprise devenir riche à défendre ses brevets. On réussit par la commercialisation d'un produit pour lequel il existe une demande.

INVENTEUR CONTRE ENTREPRENEUR

J'ai aussi parfois cette impression qu'un brevet cache quelque chose. On ne réussit pas en cachant son invention, on réussit en la commercialisant. En fait, le détenteur de brevet a une mentalité d'inventeur, mais elle est rarement doublée du caractère d'un entrepreneur. Le brevet est le cou-ronnement ultime de l'inventeur, il a trouvé la solution à un problème. L'entrepreneur, lui, a les capacités de commercialiser cette solution.

CordoClip, la corde à linge automatique, représente une excellente illus-tration de mes propos. Son inventeur s'est présenté à la première saison de l'émission *Dans l'œil du dragon*. Son produit, inventé il y a 17 ans et breveté, a connu un certain succès, mais cette excellente idée n'a jamais été exploitée à fond. Il aurait mieux valu la commercialiser que de la faire breveter. Ainsi, ma question est la suivante : « Quelle est votre stratégie de commercialisation ? » et non pas : « Avez-vous un brevet ? » Je suis convaincu que, comme au hockey et au tennis, la meilleure défense, c'est l'attaque. Le brevet, c'est la défense d'une équipe et celle-ci ne compte jamais quand elle défend son territoire. L'attaque qui, elle, permet de marquer, c'est la commercialisation.

Comme au hockey et au tennis, la meilleure défense est l'attaque.

Celui qui trouve une bonne solution à un problème doit la commercialiser sans perdre de temps. On ne travaille pas pour la concurrence, mais pour soi, et faire breveter son produit, c'est donner à la concurrence l'occasion de prendre les devants. D'un autre côté, comme je l'ai déjà dit, la concurrence a son importance : sa présence indique qu'il y a un marché certain pour le produit.

30

MENTOR OU INVESTISSEUR – JAMAIS LES DEUX À LA FOIS !

J'ai expliqué dans un chapitre antérieur que ma façon de faire mes choix d'investissement à l'émission *Dans l'œil du dragon* a changé entre la première et la seconde saison. Lorsque je concentrais mon attention uniquement sur le produit, souvent, je devais prendre les rênes de l'entreprise parce que le gestionnaire n'avait pas les compétences que je recherche. Ça ne me plaisait guère, mais je devais jouer mon rôle d'investisseur, voir à ce que mon argent soit bien utilisé et fasse des petits.

> **J'aime aussi le rôle de mentor parce qu'il me permet de faire des suggestions.**

J'aime aussi le rôle de mentor parce qu'il me permet de faire des suggestions sur les décisions à prendre plutôt que, comme on dit souvent, d'avoir les deux mains dedans. Je préfère tenir la main de quelqu'un, le guider, lui indiquer les faux pas à éviter. Je ne veux pas, par contre, avoir à lui rappeler ce qu'il faut faire. Le mentorat et la maturité professionnelle du gestionnaire m'intéressent plus que d'occuper moi-même la fonction de gestionnaire.

Généralement, on accepte d'être mentor si on a des affinités avec le dirigeant.

Et puis être entrepreneur, c'est comme progresser dans un jeu vidéo: on doit passer par plusieurs stades pour gagner. Le mentor est comme l'ami qui a déjà terminé ce jeu et à qui vous téléphonez lorsque vous êtes bloqué. Il vous permet d'accéder au niveau supérieur pour atteindre l'objectif. En fin de compte, il vous permet d'arriver à l'excellence requise en entrepreneuriat. Mais toujours, la manette reste dans les mains du gestionnaire, car c'est lui qui doit en répondre.

> **Être entrepreneur, c'est comme progresser dans un jeu vidéo...**

IL NE FAUT PAS JOUER LES DEUX RÔLES

Un mentor ne peut pas être également investisseur dans l'entreprise, parce qu'il manquerait d'objectivité.

- L'investisseur a le regard rivé sur l'argent qu'il a consenti à l'entreprise. Il est principalement intéressé par le rendement de son investissement.

- Pour sa part, le mentor aide la personne, c'est-à-dire le gestionnaire, à parfaire ses connaissances et son travail. L'entreprise vient en second et, surtout, il ne fait pas le travail en lieu et place de son élève, pour diriger à sa guise.

LE MENTOR EST UN *COACH*

Le mentor, c'est le *coach* de l'entrepreneur.

Depuis peu, on voit s'imposer une nouvelle fonction, selon les uns, et une nouvelle appellation pour une fonction existante, selon les autres : le *coach*. On trouve des *coachs* dans tous les domaines, y compris en gestion et en entrepreneuriat. Vous savez à quel point j'aime comparer l'entrepreneuriat au sport et en voici à nouveau l'occasion : malgré un talent hors de l'ordinaire et un entraînement intensif, aucun athlète ne peut espérer prendre part à des compétitions internationales ni aux Jeux olympiques sans un *coach*. Le mentor, c'est *le coach* de l'entrepreneur.

Un mentor ouvre aussi des portes, donne des conseils, partage son carnet d'adresses et appuie son disciple, mais le dernier mot dans la gestion appartient à ce dernier. Si je devais être et mentor et investisseur, je me demanderais, chaque fois que le gestionnaire prend une initiative, si celle-ci m'est favorable ou pas. Le processus de décision dans l'entreprise, autant que le rôle du mentor, s'en trouverait biaisé.

Le mentor se doit d'être objectif et de mettre son protégé face aux faits, tous les faits, rien que les faits. L'investisseur est par nature subjectif, car sa préoccupation pour le rendement vient occulter les nécessités de la résolution des problèmes quotidiens.

Personne ne peut porter deux chapeaux à la fois. Aux *Dragons*, je suis un investisseur. Vous pouvez avoir besoin d'un mentor aussi bien que d'un investisseur, mais ce serait un très mauvais placement de demander à la même personne d'assumer les deux rôles.

31

7 **GAFFES** À NE PAS COMMETTRE FACE À UN **INVESTISSEUR**... OU **FRANÇOIS LAMBERT**, MODE D'EMPLOI

1. L'INVESTISSEUR N'EST PAS UN CLIENT

L'investisseur doit connaître le produit, bien sûr, mais sa présentation ne doit pas durer plus de deux minutes. Avant tout, votre objectif est de me prouver que vous allez vendre le produit à grande échelle, que je vais faire de l'argent avec l'argent injecté dans votre entreprise. Si vos marges de profit ne sont pas satisfaisantes, même si votre produit est bon, je ne suis pas intéressé. C'est le plan d'exécution qui m'intéresse, pas l'idée. Ne l'oubliez pas !

2. LIRE UN PLAN D'AFFAIRES

Souvent la première question d'un investisseur est : « As-tu un plan d'affaires ? » Lors du *pitch*, la plupart des entrepreneurs récitent leur plan d'affaires. C'est ennuyant à mourir et ça fait naître le doute en moi. Si vous ne connaissez pas vos objectifs et votre plan par cœur, j'ai l'impression que vous l'avez fait écrire par quelqu'un d'autre, parce qu'on vous a dit qu'il en fallait un ! Avec moi, si vous lisez votre plan d'affaires, vous perdez vos chances.

Il y a cependant des investisseurs qui veulent obtenir un plan d'affaires par écrit. Mais le conseil reste le même : arrangez-vous pour être capable de présenter votre objectif et votre plan d'affaires... sans papier, et remettez le document à l'investisseur potentiel.

3. IGNORER LES MARGES BÉNÉFICIAIRES DES CONCURRENTS

J'entends constamment : « Je suis le meilleur, j'ai le meilleur produit. » À mes yeux, on fait un usage abusif du mot « meilleur ». Bien sûr, vous devez offrir un meilleur produit, à meilleur prix, mieux distribué, fait de meilleurs matériaux. « Meilleur » doit devenir un mot d'ordre. Mais pour pouvoir se péter les bretelles et prétendre qu'on est *le* meilleur, il faut le prouver en se comparant aux concurrents qui ont du succès : c'est le moment d'examiner les marges bénéficiaires de ceux-ci. Si vous êtes vraiment *le* meilleur, vous aurez de meilleures marges bénéficiaires. Pour avoir le droit de se prétendre *le* meilleur devant moi, on doit me le prouver par des chiffres comparatifs.

4. DEMANDER DES CONTACTS

Lorsque je demande aux entrepreneurs ce qu'ils attendent de moi, souvent ils me répondent candidement : « Nous voulons bénéficier de votre réseau de contacts. » Ça me met dans de mauvaises dispositions. Bien sûr, si j'investis, je ferai probablement jouer mon réseau. Mais mon carnet d'adresses est à moi seul. Il est le fruit de mon travail. Je ne vais pas le partager avec tout le monde. Je veux y avoir recours comme et quand je le crois utile. On ne peut pas demander à quelqu'un de partager son bien personnel, c'est un manque de respect et de jugement.

5. NE PAS PRÉSENTER DE STRATÉGIE DE SORTIE

Un investissement n'est pas éternel. Lorsque je commence à m'intéresser à un cas, je pose la question : « D'après vous, quelle sera la stratégie de sortie ? » En d'autres termes : « À quel moment vais-je pouvoir peu à peu récupérer mon argent et engranger un profit ? » En général, je souhaite me retirer en moins de cinq ans. Je fais un placement, mais je dois aussi récupérer mon argent. Vos prévisions de profits, de distribution des dividendes, de vente de l'entreprise sont du plus haut intérêt pour moi. Votre cible pour la vente de votre entreprise doit être établie le jour où vous venez voir l'investisseur. Si votre stratégie est de vendre à un concurrent, ce concurrent doit être clairement

> **Votre cible pour la vente de votre entreprise doit être établie le jour où vous venez voir l'investisseur.**

identifié quand vous venez me voir, parce que la gestion de la stratégie doit tenir compte de son succès et de ses insuccès. Bien sûr, à un certain point, vous allez flirter avec ce concurrent, lui rendre l'achat de l'entreprise attrayant. Mais il faut d'abord le déranger, lui faire de l'ombre : vous devez représenter une réelle menace à ses yeux, sinon il ne cherchera jamais à acquérir votre entreprise.

6. AVOIR PEUR DE PARTAGER SON IDÉE

Je n'investis jamais dans une idée seule. Il n'y a donc aucun risque que je la vole.

Les gens se présentent parfois avec une idée peu précise. Ils disent : « Il faut que j'y pense encore, que je fasse breveter mon invention », etc. Pour lancer une entreprise, il faut une idée, mais aussi un bon plan d'exécution et de l'argent. À titre d'investisseur, je n'investis jamais dans une idée seule. Il n'y a donc aucun risque que je la vole. Les personnes qui tremblent à la pensée que je vais m'approprier le fruit de leurs cogitations se tirent dans le pied. Il faut m'en parler clairement, savoir ce dont on dispose et ce dont on a besoin pour progresser. Alors seulement je vais m'intéresser à votre idée géniale parce que j'aurai confiance dans vos capacités à mener à bien le plan d'exécution... et à mener l'entreprise vers le succès.

7. PRONONCER LE MOT « MAIS »

On a beau travailler des semaines au plan d'affaires, à établir les budgets et les prévisions de revenus, à examiner le développement des fonctionnalités s'il s'agit d'un logiciel, il est rarissime que tout se passe comme prévu. J'en sais quelque chose. Alors inutile de se justifier. Le « mais » est le mot préféré de celui qui cherche des excuses. Ce qui est arrivé est arrivé et il faut franchement expliquer la situation, sinon je ne me lierai pas avec vous.

La vie d'entrepreneur n'est pas un long fleuve tranquille. Des facteurs imprévisibles vont certainement influencer le cours des choses. Parfois en bien, parfois en mal. Il faut savoir dire : « J'avais prévu tel résultat. Ça n'a pas été le cas parce que j'ai sous-estimé tel aspect... parce que les gouvernements européens ont changé leur législation », etc. Ou encore : « Je n'ai pas réussi parce que l'arrivée imprévue d'un concurrent plus agressif m'a obligé à diminuer mes prix. Je serais sorti du marché sans cette mesure radicale. » Par contre, je ne veux pas entendre : « Oui, mais ce n'est pas ma faute, j'ai eu un concurrent dans les pattes. » Le « oui, mais... » est l'argument d'une personne passive. Je veux un partenaire fort, dynamique, réaliste, capable d'analyser la situation et de réajuster le tir par des correctifs appropriés. Et puis le « mais » m'agace !

« Oui, mais... » est l'argument d'une personne passive. Je veux un partenaire fort, dynamique, réaliste...

Partie 5

LES PIÈGES
À ÉVITER

32

7 GAFFES À ÉVITER COMME ENTREPRENEUR

1. IMPLANTER UNE GROSSE INFRASTRUCTURE

Quand on se lance en affaires, on passe par une phase euphorique qui dure de six à neuf mois. On est le patron et on croit que ce statut nous accorde le privilège d'éviter les tâches ingrates. Eh bien, au contraire, il faut mettre la main à la pâte! Vous devez accepter de sortir les poubelles, de monter des ordinateurs, de faire le ménage. Installer une grosse infrastructure, c'est jeter l'argent par les fenêtres et multiplier les risques d'une restructuration prématurée de l'entreprise, faute de fonds. Si le plan de marketing n'a pas donné les résultats attendus, par exemple, il faut accepter de faire cavalier seul pendant la phase de démarrage de l'entreprise.

2. SOUS-ESTIMER LES BESOINS DE FONDS À VENIR

La cause principale des fermetures d'entreprises et du ralentissement de centaines d'autres est le manque de liquidités. Bien sûr, nous avons droit à un salaire qui rétribue nos efforts, mais les carences en liquidités sont souvent le fait d'une politique salariale exagérée ou prématurée, d'achat de matériel ou d'équipement excédant nos besoins, ou encore de frais de décoration outranciers. Surveillez continuellement le *cash flow* (les liquidités) de votre entreprise et, pendant les 6 à 12 premiers mois d'opération de cette dernière, vivez selon vos moyens. Et puisque vous ignorez si votre chiffre d'affaires se maintiendra au cours des six mois à venir, à l'instar des écureuils, faites des provisions en vue des périodes creuses.

3. VOIR LES EMPLOYÉS COMME UNE DÉPENSE

Vous avez besoin des employés pour faire rouler l'entreprise. Si vous créez un nouveau poste, ne le considérez pas comme une dépense, mais comme une occasion d'augmenter les revenus. Si certains employés dans des postes clés représentent toutefois une dépense, qu'ils coûtent plus cher que ce qu'ils rapportent, c'est vraisemblablement qu'ils ne sont pas nécessaires. Vos employés sont une source de revenus, une plus-value, s'ils sont au bon endroit et performants. Sinon, il faut leur montrer la porte.

Vos employés sont une source de revenus.

4. EMBAUCHER TROP RAPIDEMENT

Chaque employé doit amener sa part de plus-value à l'entreprise. Alors, pas question de boucher un trou... en vitesse. Aucun patron n'a les moyens d'expliquer encore et encore à un nouvel employé ce qu'il doit faire et ne pas faire. Prenez le temps d'évaluer si la personne cadre avec les caractéristiques de l'entreprise et vous ferez le bon choix. Si un critère vous paraît capital, la transparence par exemple, recherchez-le chez les candidats. Si vous avez rédigé la vision de votre entreprise, relisez-la et mettez en pratique ses préceptes pendant le recrutement. La vision, c'est bien autre chose qu'un simple énoncé sur papier.

5. ÊTRE INCAPABLE DE CONGÉDIER RAPIDEMENT

Lorsqu'un employé ne fait pas l'affaire, il faut le mettre à la porte dans les plus brefs délais. Au Canada, les statistiques nous disent que près de 30 % des candidats embauchés se révèlent incompétents ou ne cadrent pas avec la culture de l'entreprise. Soyez vigilant durant les périodes de probation et, en cas de défaillance, renvoyez les employés sous-performants pendant cette période. Elle est justement prévue pour l'évaluation des capacités des novices. Siebel, une société de logiciels, a évalué que 80 % de ses employés satisfaisaient à ses exigences, que 10 % montraient des performances supérieures à la norme, mais que 10 % tiraient nettement de la patte. Une fois par an, les personnes au rendement insuffisant sont mises à la porte. Comme je l'ai mentionné à la page 50, *Hire slowly, fire rapidly*.

6. ARRÊTER D'INNOVER

Rien n'est éternel, surtout dans l'environnement économique dynamique d'aujourd'hui. Il faut continuellement prévoir les tendances de son marché et consacrer du temps et des fonds à la recherche et au développement (R et D). Arrêter d'innover, c'est faire marche arrière. La moindre pause en innovation vous fera prendre du retard sur la concurrence.

> Arrêter d'innover, c'est faire marche arrière.

7. APPORTER DES SOLUTIONS À UN PROBLÈME QUE VOUS AVEZ CRÉÉ

Le besoin ou le problème auquel vous voulez apporter une solution existe-t-il vraiment? Ou est-ce le fruit d'une erreur d'observation, voire d'une lubie? Pensez-y deux fois avant de vous lancer dans une aventure qui demande temps et argent, sinon vous allez vous casser les dents. Par exemple, dans la première saison de *Dans l'œil du dragon*, nous avons reçu un candidat qui voulait mettre en marché une litière pour chiens, alors que les chiens, à l'inverse des chats, n'enterrent pas leurs excréments... sans compter qu'un chien domestique bien dressé peut se retenir pendant des heures.

33

LE **SYNDROME KODAK**

L a Eastman Kodak Company, on le sait, est une transnationale américaine fabriquant des produits et fournissant des services dans le domaine de la photographie, du cinéma et de la radiologie.

L'empire Kodak est le fruit de l'ingéniosité de George Eastman. Dès 1879, celui-ci obtient un brevet pour la réalisation de plaques à émulsion et, ensuite, lance la pellicule souple. Puis, Kodak commercialise un premier appareil photo personnel : le Folding Pocket Kodak. Au milieu des années 1960, l'empire Kodak emploie près de 80 000 personnes et détient un quasi-monopole.

Ce qu'on ignore, c'est que Kodak a aussi inventé l'appareil photo numérique. Au lieu de profiter de la chance pour prendre la tête d'une révolution en photographie, ses dirigeants se sont pliés aux exigences des actionnaires réclamant un rendement *right here and right now* et ont donc concentré les activités dans les domaines habituels. Ils ont eu peur de se tirer dans le pied et ils ont refusé d'être visionnaires. Erreur fatale ! Avec un retard sur la concurrence nippone, Kodak a finalement été forcée de délaisser la pellicule argentique pour passer au numérique. En 2012, elle demandait la protection de la loi américaine sur les faillites. En avril 2013, Kodak espérait toujours éviter la faillite totale, grâce à un nouveau statut et à un nouveau conseil d'administration.

Le syndrome Kodak est une variante du syndrome de Christophe Colomb. À la fin du XVe siècle, ce cher Cristoforo n'est pas le seul à chercher une route plus courte vers l'Orient dans le but principalement d'atteindre la Chine et Cipango (le Japon). À cette époque, en Occident, on enseigne ouvertement Ptolémée et la rotondité de la Terre, on connaît les calculs de Pythagore et ceux des savants arabes, hindous et chinois, on écoute les témoignages des marins vikings, bretons et basques qui viennent chaque année dans le golfe du Saint-Laurent. Tous les monarques lorgnent cet eldorado commercial et recherchent les bons navigateurs pouvant leur en montrer le chemin.

Colomb postule d'abord chez Jean II de Portugal, mais un groupe d'experts rejette ses calculs. Colomb tente alors sa chance chez Ferdinand et Isabelle d'Espagne... une Espagne qui va lui prêter une oreille attentive et remporter le gros lot. En un éclair, ses conquistadors vont lui offrir les Antilles, le Mexique (un Mexique gros de son territoire actuel en plus des états du sud-ouest des États-Unis d'aujourd'hui, car avant 1810 les colonies anglaises, puis les États-Unis, ne sont guère plus qu'une mince bande de terre sur l'Atlantique), l'Amérique centrale et l'Amérique du Sud, à l'exception du Brésil. Leur sens du développement sera imité par les Français, qui vont avaler le Canada et la Louisiane (à elle seule, cette colonie française représente la moitié des États-Unis actuels et va de la Nouvelle-Espagne à la Nouvelle-France), mais les Français vont brader, morceau par morceau, nos « quelques arpents de neige » – une grave erreur d'évaluation de François-Marie Arouet, dit Voltaire, dont les lumières ne brillaient certes pas ce jour-là.

Le manque de clairvoyance de Jean II, et des gestionnaires de Kodak, trouve un écho dans les déboires de Research In Motion (RIM/BlackBerry).

Il semble que si BlackBerry ne se réinvente pas vite et bien, et ne comble pas son retard, ce joyau canadien demeurera en queue de peloton. Pourquoi? Parce que, à l'instar de ceux de Kodak, ses gestionnaires ont obéi aux investisseurs en Bourse qui exigeaient des profits à chaque trimestre et le versement de gras dividendes. RIM a gaspillé son argent, son avance technologique et sa renommée. L'avenir nous dira si elle saura utiliser intelligemment cette nouvelle injection de capitaux.

Apple: maintenir une vision durable

Je n'ai plus d'ordinateur. Je me sers uniquement d'une tablette et d'un téléphone intelligent. Mais attention! Une erreur et Apple pourrait bien devenir le prochain BlackBerry, perdre ce qui fait sa réputation et son caractère différenciateur, devenir ce que j'appelle un *me-too* (moi aussi = moi comme les autres). Heureusement Apple, pour l'instant et depuis le second mandat de Steve Jobs, ne cesse de faire la manchette avec un nouveau WOW! deux ou trois fois l'an. Apple nous a habitués aux surprises et aux grands bonds technologiques en avant et se doit de continuer sur sa lancée. Pour éviter de nous décevoir, sa future télé ne peut pas être qu'un simple écran à diodes avec une pomme dessus.

À mon avis, les futures guerres entre géants technologiques vont se mener sur des fronts plus avancés et plus exigeants que la seule télévision. Je pressens déjà, dans moins de 10 ans, une féroce concurrence entre les iCars et les Google Cars, des voitures 100% intelligentes et autonomes.

En production de biens de consommation, il faut inventer, réinventer et inventer encore. Les exemples ci-dessus, ainsi que l'application de la haute technologie à l'automobile intelligente, montrent dans quelle direction il faut aller. Pour un entrepreneur, se réinventer est l'unique solution pour rester en vie. Le marché mondial représente une belle fenêtre d'opportunité, mais le temps est chaque fois compté parce que, comme pour Christophe Colomb, lorsqu'une idée jaillit dans un esprit, c'est qu'elle est déjà dans l'air. Le gros lot reviendra à celui qui lancera son produit le premier.

34

NON AUX CLAUSES DE NON-CONCURRENCE, SAUF…

ci, je sers une mise en garde aux employeurs. Je suis contre les clauses de non-concurrence... sauf dans le cas où une entreprise est achetée. Alors, la clause de non-concurrence est de bon aloi. C'est une situation tout à fait différente pour un employé. Lorsqu'une entreprise en achète une autre, elle achète le fruit de son travail, un vécu et l'expérience de l'ancien propriétaire. Donc, on signe une clause de non-concurrence normale de trois à cinq ans. Il n'est pas question que l'entrepreneur acheté lance une nouvelle entreprise dans le même marché et avec les mêmes clients ! Et c'est bien ainsi.

Lorsque vous acceptez un emploi, il est de la responsabilité de l'employeur de vous confier un poste lié à vos capacités. Toute personne aime s'épanouir dans son travail, avoir des défis à la hauteur de son talent. L'employé devrait pouvoir déployer son talent au maximum dans l'entreprise où il travaille. S'il part parce qu'il est sous-utilisé,

> **L'employé devrait pouvoir déployer son talent au maximum.**

lui imposer une clause de non-concurrence dans son domaine est inacceptable, même si une part de son expérience a été acquise dans l'entreprise. On ne peut empêcher un employé de gagner sa vie dans son domaine d'expertise.

À mes yeux, les clauses de non-concurrence limitent l'innovation.

Souvent, les employés que j'ai rencontrés qui n'ont jamais voulu signer des clauses de non-concurrence étaient les personnes les plus motivées dans leur travail. Ils ne veulent pas se limiter en raison d'une telle clause. Et puis la clause de non-concurrence est une barrière artificielle : elle risque d'empêcher l'employeur de recruter des personnes particulièrement douées, créatives et ayant beaucoup de valeur. Si les employés veulent quitter – peut-être parce que vous les sous-utilisez ! –, pourquoi les en empêcher ? Quand l'employé part et qu'il a signé une telle clause, la guerre est déclarée. Je suis convaincu qu'il vaut mieux voir un tel employé comme quelqu'un avec qui vous resterez en contact et dont les informations vous seront utiles, même s'il est parti travailler ailleurs, plutôt que quelqu'un à démolir et à abattre. La Silicon Valley a bien compris ça.

L'EXEMPLE DE LA SILICON VALLEY

En TI (technologies de l'information), dans la Silicon Valley, les mouvements de personnel sont chose courante. Lorsqu'un employé se signale par sa créativité ou sa productivité hors de l'ordinaire, tout le monde finit par le savoir et les offres ne se font pas attendre.

Si les conditions offertes par un employeur semblent inférieures à ce que la concurrence lui propose et que cette personne est tentée de partir, je l'encourage à le faire. Ma façon de penser choque, sans doute, mais si l'employeur vit selon les lois du marché, un employé aussi.

Voici un autre exemple. Montréal est une plaque tournante du jeu vidéo. Mais le monde entier est vaste et les techniciens désireux de travailler en ce domaine sont nombreux. Si les employés devaient jurer fidélité à leur employeur, le manque de compétition et de motivation ferait tourner la machine au ralenti et ce secteur cesserait d'exister ici. Pour se renouveler, les entreprises ont besoin d'embaucher de nouveaux effectifs avec un bagage différent.

Les employés doivent cependant comprendre qu'ils ont accès à de l'information privilégiée, que leur employeur les initie à l'occasion à de nouvelles technologies, donc lorsqu'ils partent, leur bagage de connaissances a augmenté, mais ils ne peuvent partir avec l'information elle-même.

La Silicon Valley offre un environnement de travail où la devise est : *simply try to be the best you can be* (tentez simplement de donner le meilleur de vous-même). Malgré tout ce que vous pouvez faire pour l'employé, il se peut qu'il quitte pour un concurrent, mais vous allez en recruter un autre. La roue tourne !

Partie 6

LES MOTS
DE LA FIN

35

MOI, FRANÇOIS, *BOSS*

Si on me demandait de me décrire en un paragraphe, ce serait celui qui suit.

Ma confiance, je la prête. Mon interlocuteur, s'il veut garder ma confiance, doit agir.

Ne me demandez jamais de vous faire confiance. Ma confiance, je la prête. Mon interlocuteur, s'il veut garder ma confiance, doit agir. Lorsqu'on me dit : « François, fais-moi confiance. » Je réponds presque tout le temps : « Non. Donne-moi des résultats et ma confiance va suivre. » Je n'accepte pas les excuses, ni les « mais », je veux entendre des explications fondées.

Par ailleurs, François, le *boss*, est un être organisé. Mon atout majeur, c'est mon sens inné de l'organisation. Je m'assure que mes journées sont productives, y compris les journées plus relaxes : je les planifie judicieusement.

Lorsque tout mon monde avance dans la même direction, je suis un *boss* formidable. Au lancement d'Aheeva, nous étions un noyau de 25 personnes. À ses débuts, une entreprise n'en est pas une, c'est un « trip de gang », c'est une secte.

Georges et moi étions là tout le temps. Le noyau de dévots est resté avec nous jusqu'à ce que je mette plus de temps sur Atelka. Alors, ils sont partis les uns après les autres. La grande aventure était terminée. Ils étaient redevenus des employés et la disparition de la ferveur, le train-train quotidien rendaient leur travail moins attrayant.

Nous étions en phase de construction d'entreprise, chacun devait y mettre des heures et des heures. Comme c'est un phénomène de groupe restreint, la vie en est une de compagnonnage et on est ensemble du petit-déjeuner jusqu'à la fin de la soirée. Il y a un immense plaisir, une ivresse à travailler dans ces conditions. J'ai eu des discussions avec ceux qui ne comprenaient pas la situation de l'entreprise et partaient à 16 h. En effet, dans un centre d'appels, les réunions ont lieu à 16 h. Car, avant le retour à la maison, on doit s'assurer que tout est en place pour le coup de feu qui durera de 17 h à 21 h. En tant que responsable des opérations, je me devais d'arriver le premier, vers 7 h, et de ne partir qu'à 19 h, si tout se passait bien.

Georges et moi étions exigeants, voire intransigeants, mais justes : c'était donnant-donnant. Un jour, un employé est venu m'annoncer que lui et ses collègues ne travailleraient plus que sept heures trente minutes par jour. J'ai dit : « D'accord, mais tout a un prix. Ce nouvel horaire de travail aussi. Pour me permettre de mieux contrôler les heures de travail accomplies, vous entrerez à 9 h précises et ne partirez qu'à 17 h. Vous prendrez vos pauses à heures fixes. Nous allons couper l'accès général à Internet pour ne le garder que sur quelques ordinateurs réservés exclusivement aux besoins du travail. » Les employés ont changé d'avis. Par contre, une excellente employée a dû s'absenter pour subir une chirurgie. Reconnaissant, je lui ai payé sur-le-champ son congé de maladie de huit semaines, sans la moindre hésitation.

LE RECRUTEMENT,

me fait penser au hockey...

Quand je recrute un employé, je ne regarde le diplôme qu'en dernier lieu. Je regarde les résultats d'abord. Ça reflète mon propre parcours. Je suis titulaire d'un baccalauréat en comptabilité, mais j'ai fait carrière en informatique. Quand j'ai postulé chez Marconi, je n'avais, en principe, pas les qualifications nécessaires. Mais le jury a retenu mon désir et ma capacité d'apprendre rapidement.

Pour illustrer mon propos, voyons un exemple tiré des annales de la Ligue nationale de hockey. Lorsque le Canadien a embauché Doug Wickenheiser, celui-ci était classé au premier rang parmi les recrues. Les Blackhawks de Chicago ont choisi le numéro deux, Denis Savard. Le Canadien a misé sur le talent pur et simple en offrant un contrat à Wickenheiser, mais Denis Savard avait cette volonté de se dépasser qui l'a amené à dominer le hockey pendant 15 ans. La preuve que la vie est une course à la productivité et à l'amélioration de soi.

LE CHEF ET SES GUERRIERS

Dans une entreprise, plus on gravit les échelons, moins on compte de pairs. En fin de compte, il n'y aura qu'un seul PDG. Tous les chefs d'entreprise possèdent un certain nombre de qualités, plus ou moins affirmées, mais toutes indispensables pour réussir.

La qualité première d'un chef d'entreprise est d'avoir une bonne attitude et de savoir s'adapter aux situations. Quel que soit le problème qui se présente, il doit en saisir rapidement les tenants et aboutissants, savoir réfléchir, seul ou avec son entourage, puis trouver une solution adéquate. Il n'y a pas de manuel de l'utilisateur quand on arrive au sommet, pas de recette. C'est une constante improvisation.

Créer son entreprise représente l'un des stades ultimes de la prise en charge de son existence. Les personnes pour qui la sécurité est capitale doivent éviter de se lancer en affaires, parce qu'en fondant une entreprise, elles courent toujours le risque d'échouer.

Par ailleurs, la notion de risque est perçue de façon différente selon l'âge. Plus on est jeune, moins on a le sentiment de prendre de risque. Et puis, de toute façon, on a peu à perdre. Par contre, avec une famille à charge, on y pense à deux fois avant de tenter l'aventure. Je remarque que plus on attend, moins on est tenté de sauter dans la fosse aux lions en raison des risques inhérents à une *start-up*.

Mon enfance à la ferme, passée à faire les travaux pendant que mon père bossait dans les ateliers de la municipalité, m'a fait mûrir prématurément et m'a mis face aux défis qui vont de pair avec les responsabilités. L'agriculteur qui ne sème pas ne récolte pas. Sa famille et lui survivent à peine. Ce désir de gérer mon temps rigoureusement allié à un sens aigu des responsabilités transparaît lors des mes apparitions à l'émission

LA RÈGLE DU 80-20

80 % des revenus vont venir de 20 % des clients

80 % de votre temps doit être occupé au bureau. Les 20 % restants sont pour la détente ou la recherche d'autres opportunités.

Dans l'œil du dragon. Dès que mon idée est faite, que j'ai obtenu une réponse, j'ai hâte de la donner, car j'ai horreur de perdre mon temps. Selon moi, il importe d'assumer les conséquences de nos paroles, de nos actes et de nos moments de paresse comme de nos lacunes. Il est tentant de se laisser griser par un succès au point d'en enlever le mérite à quelqu'un d'autre, mais il faut aussi savoir accepter le blâme, s'expliquer, se pardonner et repartir sur de nouvelles bases.

Le chef d'entreprise peut avoir une tête bien pleine, de bonnes capacités d'analyse et pourtant faire pire qu'un créateur autodidacte. Le PDG est organisé et pragmatique, en prise avec la réalité, si dure soit-elle. Je crois à un cadre de travail souple. Fouetter les gens n'est d'aucune utilité. Quant à moi, je donne des objectifs à atteindre dans un cadre de travail ouvert. Toutefois, si les résultats sont continuellement en deçà des attentes, je fais comprendre au collaborateur que nous ne sommes pas faits l'un pour l'autre.

D'autre part, j'ai beaucoup d'intuition. Je me fie beaucoup à mon pif et celui-ci me trompe rarement. Je décèle des occasions là où d'autres voient un désastre. Par exemple, lorsque nous avons lancé des centres d'appels en 2004, le marché des centres d'appels à Montréal était au point mort. Pourtant, la métropole avait été la mecque des centres d'appels. Georges et moi étions convaincus que l'exil en Inde de nombreux centres ne pouvait pas satisfaire tout le monde et, en effet, nos analyses ont démontré qu'il y aurait toujours des besoins en ce domaine. Le plus beau coup d'intuition dans le domaine financier ces dernières années a été l'achat de la banque Wells Fargo par Warren Buffett : il l'a acquise pour une bouchée de pain et c'est aujourd'hui la quatrième banque des États-Unis en ce qui concerne les actifs.

Soyons francs : le patron doit globalement aimer l'argent, sans y être accro.

« Ce n'est pas tous les jours dimanche. » Le chef d'entreprise gouverne un univers où il n'est pas toujours adulé. Le milieu peut même lui être parfois hostile. Il doit rassurer son personnel, car les potins et les rumeurs ont vite fait de pourrir l'atmosphère et de miner le moral des troupes.

Soyons francs : le patron doit globalement aimer l'argent, sans y être accro.

En économie de marché, ne serait-ce que parce que le profit demeure l'unité de mesure qui détermine le succès ou l'échec de l'entreprise, l'argent est important.

Les 6 caractéristiques du PDG

une bonne attitude

une grande capacité de travail

des compétences confirmées

le courage de démarrer un projet et également
de l'arrêter, et savoir quand

une très grande force en finances

être un vendeur né :
il est le meilleur ambassadeur de son entreprise

Ce qui est le plus important,
c'est l'attitude et l'effort.
Les compétences s'acquièrent.

36

OPTIONS SUR LE FUTUR

J e suis un investisseur. Je fais des paris sur le succès ou l'échec des entrepreneurs à la tête des entreprises dans lesquelles j'injecte des fonds. C'est comme investir en Bourse, à une échelle différente. Mais ni moi ni aucun autre dans ma position ne pouvons prédire l'avenir : dans notre environnement dynamique contemporain, tout change tout le temps.

LE MATCH DE BOXE GOOGLE-APPLE

Au moment d'écrire ces lignes, je suis prêt à faire un pari avec vous. La révolution automobile ne se jouera pas entre Ford et Toyota. Je crois plutôt qu'Apple ou Google va acheter Tesla (qui fabrique une automobile électrique révolutionnaire).

Les iPhone 5 ne sont plus livrés avec Google Maps. Ils le sont avec Apple Maps depuis que l'entreprise a acheté et intégré une autre entreprise qui s'appelait Plan. Quand ils ont introduit l'application Plan, celle-ci ne fonctionnait pas aussi bien que Google Maps et les consommateurs ont râlé. Mais, en informatique, « *if you are not embarrassed by your first version, you took too much time to release it* » (traduction libre : s'il n'y a pas de bogues dans votre première version, si elle ne vous fait pas honte, c'est que vous avez pris trop de temps pour la mettre sur le marché). Apple se devait de se tailler une place pour ne pas laisser le champ libre à Google.

La révolution automobile ne se jouera pas entre Ford et Toyota.

Apple a fait le bon pari. Auparavant, Google Maps avait 89 millions d'utilisateurs. À ce jour, en dépit des problèmes de fonctionnalités des débuts, 35 millions de personnes utilisent Apple Maps, et Google Maps a chuté à moins de 60 millions d'utilisateurs.

Mais Google possède la technologie nécessaire pour construire une automobile qui se conduit toute seule : la Google Car est à l'essai aux États-Unis, où 12 prototypes ont parcouru 800 000 kilomètres sans accident. Pour qu'une automobile se conduise seule, il faut un système de cartes géographiques : Google Maps ! Mais il lui faut un constructeur. Google est déjà partenaire de Toyota. En fait, Google a suréquipé une voiture normale, une Prius, afin qu'elle se conduise seule. Les deux partenaires appréhendent la mise en marché, mais c'est possible. Ces automobiles sont des merveilles de technologie.

Apple et Google sont des entreprises au sommet de leur art. Elles ont de l'argent à ne savoir qu'en faire et elles innovent constamment. Il est vraisemblable à mes yeux qu'une des deux entreprises achètera Tesla, car Tesla possède la technologie de l'auto électrique et est en avance sur tous ses concurrents. Nous sommes à la veille d'assister au mariage parfait : Tesla et Google avec Google Maps ou Tesla, Apple et Apple Maps. Je suis convaincu qu'on va bientôt publier les bans.

Dans le monde de la haute technologie, les gros joueurs sont Google et Apple. Mais Apple doit se diversifier, parce que sa réputation est fondée sur l'innovation. Pour passer à l'automobile intelligente, Apple achètera Tesla. Le iPhone 3 a changé le monde, la tablette iPad aussi. Pour l'instant, la montre intelligente et la télévision Apple ne représentent pas un potentiel aussi révolutionnaire. Par contre, la montre pourrait faire un tabac sur le plan commercial.

CONSCIENCE SOCIALE : LES GRANULES DE BOIS

Autrefois, chaque fois que je coupais du bois de chauffage à la campagne, je brûlais les branches. Maintenant, je récupère ces branches de deux façons : d'une part, je transforme le bran de scie et les résidus plus gros en granules de bois. Le reste, avec un broyeur installé à l'arrière du tracteur, je l'épands sous forme de petits copeaux dans les champs, pour engraisser le sol. Je ne fais plus de feu en plein air.

Les granules (ou granulés) de bois, connus également sous le terme anglais de *pellets*, sont des bâtonnets cylindriques de combustible compacté. Ils sont issus du pressage des résidus de scieries, comme la sciure et les copeaux, et de rejets provenant directement de la sylviculture. Principalement utilisés comme source d'énergie thermique pour le chauffage, les granules de bois servent aussi à fabriquer de la litière, notamment pour les chevaux. En effet, ils présentent une forte capacité d'absorption du fait de leur grande porosité.

Des points de vue conscience sociale et agriculture durable (j'enrichis le sol sans engrais), c'est une excellente idée. Mais les granules de bois ne sont pas rentables. Il y a pourtant une foule d'avantages évidents :

- les granules coûtent moins cher que le mazout domestique ou le gaz et leur prix est stable ;
- ils ne déshydratent pas l'air et répandent une bonne odeur de bois ;
- ils procurent un sentiment de bien-être grâce à la possibilité de voir la flamme ;
- les cendres peuvent être réutilisées comme engrais de jardin ;
- ils sont écologiques à condition d'installer un dispositif adéquat, c'est-à-dire de gros ventilateurs ;
- le poêle ou la chaudière à granules peut fonctionner de manière entièrement automatique grâce à une alimentation mécanisée ;
- l'entreposage est facile (par rapport aux bûches) et la densité énergétique élevée ;
- ils peuvent être livrés par camion adapté, si vous ne les fabriquez pas vous-même.

Le danger de la commercialisation des granules de bois est que le marché n'est pas prêt. Un foyer à granules, à l'instar d'un foyer au gaz, produit une superbe flamme, mais le feu ne pétille pas et il faut un ventilateur pour répandre la chaleur dans toutes les pièces. Ce n'est pas encore un mode de chauffage populaire au Québec. Il existe bien des fours extérieurs fonctionnant avec des granules, mais ils sont peu abordables : il y en a un seul à moins de 10 000 $, les autres coûtent autour de 100 000 $. Qui a les moyens de se payer ce système de chauffage bon pour l'environnement ?

À ce sujet, l'Europe est en avance sur nous. On y installe des chaudières à granules de bois pour les maisons, les bâtiments collectifs et les bâtiments industriels. Ces chaudières sont entièrement automatiques. Elles procurent un confort comparable aux chaudières au mazout ou au gaz.

En dépit de la richesse du Québec en hydro-électricité, chauffer à l'électricité apparaît de plus en plus comme une erreur, voire une aberration. Nous, au Québec, comme les Norvégiens, surutilisons l'électricité pour le chauffage alors que nous pourrions utiliser les granules de bois.

AU-DELÀ DES CONTRADICTIONS APPARENTES

Plus j'y pense, plus la vérité m'apparaît subtile. Nos vies sont remplies de contradictions. Dans nos objectifs, nos aspirations, nos valeurs morales, la contradiction est partout. Je n'y échappe pas. Si bien que :

- je recommande de rédiger un plan d'affaires, mais je privilégie le plan d'exécution ;

- j'affirme haut et fort qu'une idée, même géniale, ne vaut rien, mais je dis qu'une excellente idée devrait être brevetée, puis, ailleurs, que le temps et l'argent investis dans une demande de brevet sont du temps perdu ;

- j'invite le lecteur à n'avoir qu'un plan A et pas de plan B, mais je lui suggère de faire évoluer, de modifier son plan si celui-ci ne marche pas.

Tout est question de contexte. Nous, les humains, sommes complexes et notre discours fourmille de paradoxes. Je revendique ma nature humaine comme un droit et comme une chance. Et si mon discours vous paraît prendre différentes tangentes, détrompez-vous : tout se tient !

37

CONCILIATION **TRAVAIL** ET **FAMILLE**, UN **MYTHE**?

Je me suis lancé en affaires au moment où je fondais une famille: ma conjointe était enceinte. J'aurais voulu avoir le don d'ubiquité: vivre avec ma conjointe et le bébé, et en même temps, accoucher de l'autre bébé, Aheeva. Les deux bébés demandaient une attention concurrente à tout moment.

À la naissance d'une entreprise, les employés vous consultent fréquemment. Les employés n'ont cure de la vie de famille du patron, ils ont besoin de sa présence et de ses réponses pour faire avancer leurs projets respectifs. Alors, peut-on être à la fois un parent performant et un parent disponible sans sacrifice, sans avoir l'impression de tout faire à moitié? Peut-on cumuler deux rôles? Nous sommes de plus en plus nombreux à remettre en question l'organisation de nos vies. Au Québec, on évalue que 30% à 50% des absences de longue durée sont le fait de maladies telles que l'épuisement et l'anxiété, dont la multiplicité des manifestations est un aspect important. Que se passe-t-il?

Dans mon cas, comme dans celui de la plupart des entrepreneurs qui ont connu le succès, l'entreprise l'a emporté sur la famille. Les athlètes de haut niveau font de même. Ils repoussent le moment d'avoir des enfants pour se consacrer à leur sport.

Je me souviens de la première fête de l'Halloween de mon aîné. Il a deux ans et demi et je l'accompagne dans sa collecte de friandises. Soudain, je reçois un appel du bureau : le centre d'appels est en panne et les 40 employés sont paralysés. J'ai confié notre fils et sa collecte de bonbons à ma conjointe et j'ai filé au bureau en vitesse.

Des fins de semaine en famille et des vacances sans décrocher, je n'ai pas connu ça pendant la construction de mes entreprises. J'étais à un moment charnière dans ma carrière, tout mon temps y était consacré. Est-ce que ce régime peut durer la vie entière ? Pour certains, oui. De mon côté, j'ai pris la résolution de revenir à un équilibre travail-famille une fois l'entreprise à maturité. Il m'a fallu 10 ans.

Je ne comprends pas les nouveaux entrepreneurs qui fréquentent les cocktails et les 5 à 7. Mesdames et messieurs, à mon avis, vous ne passerez pas au travers. Il vous faut travailler plus que les autres. Si vous passez votre temps en mondanités, êtes-vous vraiment habités par la passion de votre entreprise ? La passion de construire une entreprise gagne sur la vie privée et la vie de famille.

Les entrepreneurs débutants ne sont pas seuls. Pensez aux jeunes médecins et aux avocats diplômés de fraîche date. On leur impose des gardes, des examens, leurs patrons leur confient des cas difficiles. Eux aussi doivent accorder la priorité à la carrière.

Cela dit, j'ai été un père invisible. Je n'ai pas contribué autant que je l'aurais souhaité. Heureusement, ma conjointe d'alors a été merveilleuse : compréhensive, elle prenait le relais et assurait les deux rôles parentaux à la fois.

C'est pourquoi, dans les moments où je travaillais à la maison, j'étais heureux que mes enfants jouent autour de moi et j'ai fait de mon mieux pour être présent dans les moments clés : au premier match de hockey, aux spectacles à l'école.

Par ailleurs, j'ai eu de la chance. À cette époque, mes enfants étaient très jeunes et j'ai pu m'absenter à un moment où le papa est peut-être moins nécessaire. Tout de même, en fin de compte, j'y ai beaucoup perdu, car je n'ai pu les voir grandir ni évoluer durant leurs premières années.

Aujourd'hui, ils ont 10 et 12 ans. C'est l'étape de l'adolescence et je suis, enfin, un père présent... presque tout le temps. Et puis, ils ont l'âge de raison, alors la négociation est possible. Donc, s'ils donnent un spectacle à l'école et que je ne peux pas y assister, je peux leur proposer d'assister à une avant-première de leur prestation.

J'accorde beaucoup d'importance à la persévérance, vous le savez. Donc, si mes enfants entreprennent quelque chose, ils doivent aller jusqu'au bout. Toutes ces heures où ils m'ont vu travailler, bûcher, douter aussi, doivent nourrir leur réflexion et les inspirer. C'est une partie de leur héritage.

REMERCIEMENTS

Je voudrais remercier Georges Karam, mon ami depuis 17 ans, mon partenaire en affaires et l'homme qui m'a si souvent inspiré. Sans lui, mon parcours n'aurait pas été le même. Un coup de chapeau à mon amie Suzanne McKenna, qui a eu l'idée de ce livre et qui a cherché parmi les éditeurs québécois celui qui saurait le mieux le publier. Je remercie Mathieu De Lajartre, directeur de l'édition chez Transcontinental, qui a relevé le défi de faire un livre vivant et un peu différent sur le plan visuel. Merci à Agnès Saint-Laurent, qui a su m'endurer pendant toutes ces heures de travail ensemble : c'était une belle dynamique pour creuser mon expérience, avec quelques bonnes bouffes et un bon verre de vin, ou deux !

Parmi les collaborateurs de la première heure, je ne pourrais passer sous silence le nom de Claude Klimos, un associé avec lequel j'ai écrit du code pendant des centaines d'heures tout en essayant de l'empêcher de se lever de sa chaise.

Je remercie mes sœurs Geneviève et Véronique et mon frère Janik, qui ont souvent subi mon intransigeance. Ah, notre belle connivence ! Bertrand, mon cousin, celui que j'admirais tellement que j'avais de la difficulté à laisser mon frère et mes sœurs s'approcher de lui.

Merci enfin à mes parents qui m'ont donné des responsabilités de « gestion » alors que j'étais encore très jeune. J'évoque ma mère avec admiration : je ne crois pas qu'il y ait une personne plus gentille qu'elle sur terre. Je suis extrêmement reconnaissant à mon père d'avoir su m'inculquer le sens du travail et les connaissances de base en affaires : il m'a montré les valeurs que je mets en application aujourd'hui.

Vous avez aimé ce livre?

Ces titres pourraient vous intéresser.

Carnet de route idéal pour quiconque rêve d'être son propre patron, ce livre montre que, pour réussir, il est inutile de travailler comme un fou ou de chercher des investisseurs. Ce qu'il faut, c'est apprendre à devenir plus productif et à faire parler de soi sans se ruiner.

Réinventer le travail

Jason Fried et David Heinemeier Hansson
230 pages • 2010 • 27,95 $

Après avoir vendu sa firme à Microsoft pour 265 millions de dollars, Tony Hsieh a pris les rênes de Zappos, dont le chiffre d'affaires a atteint 1 milliard de dollars. Il dévoile ici sa formule gagnante et des conseils pour l'appliquer à n'importe quelle organisation.

Moi, mes souliers et les leçons de mon succès

Tony Hsieh
270 pages • 2011 • 24,95 $

Au coeur de cet ouvrage, une découverte surprenante : au-delà du talent, de l'effort et de la chance, la générosité est un puissant moteur de succès. Dans ce livre fascinant qui s'appuie sur les plus grandes recherches en psychologie sociale, Adam Grant aborde la réussite sous l'angle inédit des interactions relationnelles. Une approche brillante et optimiste de la réussite qui change la donne autant pour les individus que pour les organisations.

Le triomphe des généreux
Adam Grant
320 pages • 2014 • 29,95 $

Avec ce livre, apprenez à penser différemment, à aller à contre-courant et à montrer votre vrai style de gestion. Vous pouvez être un patron différent, qui fait les choses à sa manière. Ces 100 capsules vous libéreront des diktats du management.

Au diable le management
Caspian Woods
248 pages • 2014 • 27,95 $